5 CONSEJOS PARA EMPEZAR

1) CÓMO RESOLVER LAS SOPA DE LETRAS

Los rompecabezas tienen un formato clásico:

- Las palabras se ocultan sin espacios ni guiones,...
- Orientación: Las palabras pueden escribirse hacia delante, hacia atrás, hacia arriba, hacia abajo o en diagonal (pueden estar invertidas).
- Las palabras pueden superponerse o cruzarse.

2) APRENDIZAJE ACTIVO

Junto a cada palabra hay un espacio para anotar la traducción. Para fomentar un aprendizaje activo, un **DICCIONARIO** al final de esta edición te permitirá comprobar y ampliar tus conocimientos. Busca y anota las traducciones, encuéntralas en el puzzle y añádelas a tu vocabulario!

3) MARCAR LAS PALABRAS

Puedes inventar tu propio sistema de marcado. ¿Quizás ya usas uno? También puedes, por ejemplo, marcar las palabras difíciles de encontrar con una cruz, las que te gustan con una estrella, las nuevas con un triángulo, las raras con un diamante, etc.

4) ESTRUCTURAR EL APRENDIZAJE

Esta edición ofrece un **CUADERNO DE NOTAS** muy práctico al final del libro. En vacaciones, de viaje o en casa, podrás organizar fácilmente tus nuevos conocimientos sin necesidad de un segundo cuaderno!

5) ¿HABÉIS TERMINADO TODAS LAS PARRILLAS?

En las últimas páginas de este libro, en la sección **DESAFÍO FINAL**, encontrarás un juego gratis!

¡Rápido y sencillo! Echa un vistazo a nuestra colección de libros de actividades para tu próximo momento de diversión y aprendizaje, ¡a sólo un clic de distancia!

Encuentre su próximo reto en:

BestActivityBooks.com/MiProximoLibro

En sus marcas, listos, ¡Ya!

¿Sabías que hay unas 7.000 lenguas diferentes en el mundo? Las palabras son preciosas.

Nos encantan los idiomas y hemos trabajado duro para crear libros de la más alta calidad para tí. ¿Nuestros ingredientes?

Una selección de temas adecuados para el aprendizaje, tres buenas porciones de entretenimiento, y luego añadimos una cucharada de palabras difíciles y una pizca de palabras raras. Los servimos con cariño y máxima diversión para que puedas resolver los mejores juegos de palabras y te diviertas aprendiendo!

Tu opinión es esencial. Puedes participar activamente en el éxito de este libro dejándonos un comentario. Nos encantaría saber qué es lo que más le ha gustado de esta edición.

Aquí hay un enlace rápido a tu página de pedidos:

BestBooksActivity.com/Opiniones50

Gracias por tu ayuda y diviértete!

Todo el equipo

1 - Ajedrez

び	釣	み	パ	画	コ	喜	時	動	シ	興	賢	い	プ
び	園	品	チ	ッ	ー	ン	間	書	喜	園	キ	写	レ
影	狩	プ	ャ	シ	リ	テ	真	ブ	ラ	ッ	ク	ー	ー
釣	芸	女	ン	ゼ	書	ブ	エ	ス	ム	画	芸	ル	ヤ
ン	書	王	ピ	書	絵	ポ	イ	ン	ト	真	ゲ	ー	ー
ゼ	ハ	写	オ	ジ	シ	芸	法	学	ぶ	た	め	に	ン
リ	キ	キ	ン	グ	魔	ジ	撮	ル	絵	ー	読	物	グ
み	び	陶	白	キ	陶	プ	ダ	ゲ	シ	活	読	写	エ
ゼ	相	狩	い	狩	真	園	ゲ	興	陶	編	読	ゼ	陶
撮	手	ン	ハ	活	対	狩	レ	活	プ	ジ	品	編	ル
ル	ー	レ	味	活	角	ト	ー	ナ	メ	ン	ト	ズ	ハ
ゲ	ー	ム	戦	略	ン	動	ー	狩	ジ	り	イ	リ	ラ
レ	ン	ル	犠	陶	活	書	芸	書	ハ	動	び	り	び
イ	読	ジ	牲	物	び	リ	レ	園	び	び	猟	り	プ

学ぶために
白い
チャンピオン
コンテスト
対角
戦略
賢い
ゲーム
プレーヤー
ブラック

相手
パッシブ
ポイント
ルール
女王
キング
犠牲
時間
トーナメント

2 - Agua

```
パ 絵 パ ム ン 一 品 キ 読 み 波 ハ 狩 ム
湿 度 レ エ 興 キ モ ン ス ー ン 園 撮 狩
法 ル 写 絵 一 味 洪 シ 興 リ 撮 プ 猟 写
レ 猟 編 陶 喜 レ 水 品 釣 プ ャ ズ 法 園
狩 ダ 芸 読 絵 狩 グ 書 ラ ラ エ 活 レ
ン 真 プ 芸 イ 湖 ラ 撮 影 プ 絵 ー 釣 雪
運 河 飲 め る び み 芸 ハ 編 び シ 川 ル
活 ク 動 一 キ ャ 猟 活 リ 狩 ャ 蒸 発
画 編 海 洋 物 ラ ン 影 ゼ ン 物 ケ ワ 気 活
リ イ 写 魔 絵 ン 味 み ハ 氷 ル 一 読 プ
園 芸 ャ エ キ 編 ャ ハ ャ 湿 っ た ン ャ
間 雨 ク リ ゲ ン ジ ン ハ 味 び 灌 猟 レ
編 欠 読 猟 ゲ ム イ リ パ 味 画 漑 レ 陶
霜 ゲ 泉 り 園 味 喜 真 興 活 エ リ ズ 狩
```

運河	洪水
シャワー	モンスーン
蒸発	海洋
間欠泉	飲める
湿度	灌漑
ハリケーン	蒸気
湿った	

3 - Granja #2

オ	編	編	羊	ミ	ト	牧	パ	イ	納	芸	真	真	動
オ	ー	影	飼	ル	ラ	ン	草	ズ	屋	コ	ー	ン	物
ム	法	チ	い	ク	ク	ム	地	ク	真	ゲ	ラ	ク	ク
ギ	ク	ゲ	ャ	ル	タ	ダ	蜂	シ	り	パ	プ	ム	マ
読	り	絵	グ	ー	ー	グ	の	撮	ゼ	画	味	真	影
灌	漑	ダ	ル	り	ド	フ	巣	写	釣	農	家	喜	ラ
シ	物	猟	猟	リ	絵	ル	魔	ン	グ	真	喜	釣	シ
ゼ	ゲ	び	ズ	イ	プ	ー	ズ	ジ	読	園	写	猟	活
み	影	プ	ア	ヒ	ル	ツ	野	活	芸	ラ	猟	ム	ジ
み	書	イ	園	ゼ	魔	芸	菜	味	グ	書	ダ	興	喜
読	キ	猟	釣	エ	リ	ー	ム	品	撮	ゼ	書	プ	ル
ゼ	シ	物	パ	パ	読	ハ	影	書	イ	動	プ	シ	猟
ハ	プ	び	グ	編	子	影	ル	キ	物	読	喜	編	活
シ	ム	芸	イ	猟	羊	食	べ	物	小	麦	ル	撮	芸

農家
動物
オオムギ
蜂の巣
食べ物
子羊
フルーツ
納屋
オーチャード
ミルク

ラマ
コーン
羊飼い
アヒル
牧草地
灌漑
トラクター
小麦
野菜

4 - Mueble

ン	パ	ラ	活	品	本	レ	枕	マ	パ	画	法	撮	芸
布	ゼ	動	園	ゼ	棚	ド	レ	ッ	サ	ー	書	興	味
ズ	団	陶	ン	写	キ	エ	喜	ト	ベ	ッ	ド	画	喜
ン	椅	園	ゼ	品	パ	影	編	レ	ン	ジ	猟	園	影
読	子	り	み	芸	釣	ジ	真	ス	チ	キ	ソ	フ	ァ
物	カ	ラ	ン	プ	リ	み	プ	ン	プ	ク	品	グ	掛
ア	ー	ム	チ	ェ	ア	机	ハ	喜	喜	シ	編	喜	け
撮	テ	ハ	ゲ	法	物	ー	ダ	ク	ッ	シ	ョ	ン	布
味	ン	影	ン	み	み	写	ジ	み	レ	リ	イ	猟	団
狩	真	陶	ル	モ	物	鏡	グ	読	ン	ル	レ	グ	ダ
絵	レ	み	園	味	ッ	び	パ	戸	棚	法	キ	ハ	パ
キ	エ	活	レ	園	味	ク	ラ	イ	ジ	ー	ク	ー	ム
味	園	リ	品	ャ	撮	猟	グ	猟	魔	シ	み	ル	ラ
エ	ダ	キ	喜	ン	喜	ハ	キ	書	ャ	画	み	絵	編

ラグ	掛け布団
戸棚	本棚
ベンチ	布団
ベッド	ハンモック
クッション	ランプ
マットレス	椅子
カーテン	アームチェア
ドレッサー	ソファ

ャ	陶	パ	猟	興	活	芸	品	編	ラ	喜	キ	フ	写
釣	ゲ	品	キ	み	法	ン	ー	撮	編	ャ	バ	ィ	ャ
忍	耐	ン	喜	撮	園	興	ハ	プ	エ	書	ス	ン	ム
ジ	ハ	釣	真	写	グ	真	猟	グ	ム	物	ケ	魔	リ
動	魔	ボ	影	品	喜	撮	リ	ー	ジ	撮	ッ	ハ	園
ダ	ハ	ー	び	動	物	絵	読	喜	ワ	リ	ト	え	写
び	喜	ト	重	さ	び	ラ	ズ	ジ	イ	釣	釣	ら	真
編	興	ル	写	影	真	品	ー	イ	ヤ	ゼ	活	活	法
ル	餌	ー	興	ズ	書	狩	画	画	ー	画	ズ	ゼ	ー
び	ゼ	ハ	パ	読	ー	ャ	ゲ	活	読	書	ム	水	画
キ	ゲ	ビ	海	ム	ー	猟	び	書	写	芸	フ	ッ	ク
リ	猟	ー	猟	洋	顎	湖	季	ゼ	画	ズ	過	レ	キ
ズ	法	チ	ル	園	川	ラ	節	真	喜	味	言	み	絵
ラ	画	魔	ゼ	狩	プ	エ	ル	プ	ー	ー	シ	動	ャ

フィン	フック
ボート	海洋
えら	忍耐
ワイヤー	重さ
バスケット	ビーチ
過言	季節

6 - Aviones

ム	芸	ズ	ラ	ゲ	読	エ	書	旅	ダ	み	ク	味	園
パ	イ	ロ	ッ	ト	ダ	グ	影	真	客	活	ダ	ル	動
ャ	ズ	法	ク	写	み	着	喜	釣	影	イ	エ	猟	ー
キ	ジ	パ	喜	法	ゼ	陸	ン	ン	魔	法	レ	ル	ゼ
釣	冒	険	シ	ゲ	イ	ゼ	芸	ジ	び	動	写	真	写
品	建	陶	ハ	編	ジ	イ	高	さ	味	キ	ン	狩	影
園	興	設	陶	真	書	歴	プ	イ	狩	グ	喜	ク	狩
ゲ	猟	計	ル	影	グ	史	バ	レ	法	活	書	プ	方
プ	ロ	ペ	ラ	ャ	狩	ル	ル	画	物	活	ダ	ン	向
エ	び	書	パ	猟	ラ	ラ	ー	ル	狩	画	写	魔	釣
ン	乱	流	猟	リ	ダ	写	ン	高	度	ン	ャ	撮	絵
ジ	グ	興	狩	イ	ル	釣	ハ	画	ル	空	ダ	み	ハ
ン	ダ	エ	ク	ャ	ジ	ズ	法	囲	気	燃	料	編	
書	書	パ	読	ラ	ハ	法	素	法	芸	ダ	芸	レ	味

空気	バルーン
高度	プロペラ
高さ	水素
着陸	歴史
雰囲気	エンジン
冒険	旅客
燃料	パイロット
建設	クルー
方向	乱流
設計	

7 - Tipos de Cabello

ゼ	み	動	釣	プ	ル	影	魔	シ	ジ	活	リ	厚	い
カ	ー	ル	元	猟	ム	グ	レ	ー	ャ	三	つ	編	み
品	ー	読	気	ル	真	活	ゲ	撮	イ	イ	レ	撮	猟
陶	味	リ	興	物	短	い	動	ャ	ル	味	ニ	書	物
び	ク	エ	ー	み	グ	ゲ	禿	編	シ	茶	色	ー	ハ
物	ジ	撮	品	動	び	り	釣	真	画	ー	白	ラ	ハ
び	物	ブ	ロ	ン	ド	ラ	イ	薄	芸	魔	い	ハ	ダ
レ	編	ソ	陶	狩	物	喜	ハ	い	リ	写	品	撮	ゼ
頭	皮	フ	シ	品	品	エ	ズ	ハ	り	狩	撮	撮	び
有	芸	ト	パ	物	ジ	ハ	芸	ジ	園	法	リ	ゲ	法
色	編	組	ル	イ	エ	エ	ハ	魔	読	レ	ャ	ク	画
プ	影	品	法	写	影	ゲ	ラ	猟	ズ	真	ゼ	魔	活
品	ゼ	影	プ	び	プ	ャ	リ	み	ー	撮	画	ダ	読
パ	ル	銀	ブ	ラ	ッ	ク	芸	真	エ	陶	狩	ズ	品

白い	ブラック
シャイニー	カーリー
頭皮	カール
有色	ブロンド
短い	元気
薄い	ドライ
グレー	ソフト
厚い	編組
茶色	三つ編み

8 - Herramientas de Cocina

真 動 園 レ 真 り ゼ 画 ゼ ャ フ ケ 影 シ
ム リ 写 ゼ ル エ 編 リ 魔 物 ォ ト キ 書
写 編 味 絵 絵 リ カ ト ラ リ ー ル 狩 読
パ ラ 猟 陶 イ オ ー ブ ン エ ク キ ハ 絵
影 釣 グ グ ゼ び プ レ ム プ ズ イ 動 パ
リ 芸 ゼ 興 読 品 喜 ン ー 活 ャ 法 ル イ
冷 は ハ 興 レ 物 画 ダ 陶 陶 グ ズ 釣 喜
ス 蔵 さ 絵 写 真 ハ ー ジ ス ト ー ブ り
パ 物 庫 み ゃ 動 ル ゼ ュ プ ザ ル 動 り
チ 陶 ラ り ズ ジ ナ ゲ ー ー 影 ダ 魔 園
ュ 温 お ろ し 金 イ レ サ ン 蓋 ハ 法 影
ラ み 度 エ り 読 フ ト ー ス タ ー 物 ャ
ル 品 び 計 品 興 園 キ 猟 ゼ 魔 活 イ ム
品 狩 ジ ハ 釣 み リ ャ エ り 陶 ゲ 影

ブレンダー	ジューサー
ケトル	オーブン
ザル	おろし金
カトラリー	冷蔵庫
スプーン	フォーク
ナイフ	温度計
スパチュラ	はさみ
ストーブ	トースター

9 - Ciencia Ficción

芸 ャ 書 み 法 未 素 イ リ ュ ー ジ ョ ン
編 魔 法 影 虚 来 晴 ル 動 魔 活 爆 読 喜
オ ラ ク ル 数 的 ら 編 影 狩 び 写 発 興
ア エ 絵 芸 写 キ し 絵 狩 ズ 読 パ 活 絵
ト 銀 り り 書 遠 い 猟 ク ユ ゼ 絵 ゼ 味
ミ 園 河 惑 星 技 術 書 興 ー イ 猟 陶 法
ッ ダ エ シ 魔 ー 法 パ ゼ ト ハ 影 ズ レ
ク ズ 品 ナ 喜 読 キ 動 ク ピ 真 レ 読 ャ
喜 狩 火 リ 芸 写 ゼ 神 ロ ア 喜 影 画 釣
レ み び オ シ ネ マ 秘 ボ 魔 書 写 品 絵
活 猟 ゲ 味 写 陶 イ 的 ッ パ 籍 び 写 味
現 ル 猟 狩 撮 み 撮 な ト 芸 ハ エ 品 ラ
パ 実 品 法 ャ 物 活 ゲ 園 エ エ 世 ズ ム
ク グ 的 釣 ハ ム 絵 動 ゲ 読 り 界 り 書

アトミック	書籍
シネマ	神秘的な
遠い	世界
シナリオ	オラクル
爆発	惑星
素晴らしい	現実的
未来的	ロボット
銀河	技術
イリュージョン	ユートピア
虚数	

10 - Juguetes

エ真エ興陶猟シ影ジ猟ゼクキ真
ズ凧絵ムびキク陶ムハ品ジエャ影
味ャゼラ撮クリみ興び車レ絵影
ジ味興塗料イャ法釣ジ絵撮猟物
ンび自転車びーク読ラ園撮写
飛行機ト魔味グゼプエ園ル喜陶
釣園魔ドラム人ルク陶ラ書興ズ
ゲみ工芸品ッ形園絵芸パみ撮陶
おパ画真園ズクびゲルロズ書び
気絵エイ釣チェスー読ボール絵
に列車狩び狩喜リム園ッパ書籍
入ラキ書書ハ粘ンボート陶ジパ
りレ狩シキプ土イ書想像力編び
活キゲ釣撮キ物イルリル真撮び

チェス	想像力
粘土	ゲーム
工芸品	書籍
飛行機	人形
ボート	塗料
自転車	ロボット
ボール	パズル
トラック	ドラム
お気に入り	列車

11 - Circo

び	真	レ	陶	編	ム	ズ	狩	味	び	イ	シ	コ	ジ
画	ク	真	動	魔	写	み	魔	ー	パ	音	狩	ス	喜
喜	ャ	活	物	法	読	虎	ル	ラ	り	楽	ャ	チ	キ
ア	ク	ロ	バ	ッ	ト	チ	狩	ゼ	味	釣	ー	ュ	ン
ジ	ャ	グ	ラ	ー	シ	ジ	ケ	キ	ラ	パ	レ	ー	ド
エ	イ	ジ	品	ピ	レ	魔	ム	ッ	真	陶	活	ム	び
ラ	イ	オ	ン	エ	猟	り	園	リ	ト	喜	象	キ	編
猟	壮	観	な	ロ	ゼ	味	品	真	猿	園	喜	ジ	品
写	園	魔	ゲ	動	釣	読	グ	園	品	読	イ	グ	編
ダ	エ	ャ	グ	ゼ	写	観	陶	ム	物	動	真	陶	キ
風	船	猟	テ	ゼ	画	ト	客	ダ	ハ	ク	狩	法	ム
味	写	影	エ	ン	ハ	リ	プ	物	レ	エ	ン	ダ	興
釣	動	絵	プ	び	ト	ッ	読	ャ	ー	パ	ジ	ジ	読
シ	狩	釣	画	ク	興	ク	猟	パ	ル	ル	絵	ム	興

アクロバット	ライオン
動物	魔法
チケット	ジャグラー
テント	音楽
パレード	ピエロ
壮観な	コスチューム
観客	トリック
風船	

12 - Rellenar

ゲ	引	イ	品	封	バ	レ	ル	活	イ	プ	ジ	真	一
編	き	ー	法	筒	グ	ス	プ	釣	パ	猟	陶	絵	芸
ン	出	影	花	味	ハ	物	ケ	イ	ゼ	ゼ	び	プ	ク
絵	し	真	瓶	ム	編	び	パ	ッ	ボ	ラ	影	猟	フ
味	絵	猟	画	味	書	陶	ケ	読	ト	バ	ケ	ツ	ォ
グ	ス	グ	猟	物	猟	読	ッ	書	ル	ャ	物	リ	ル
び	ー	狩	ゼ	プ	ジ	リ	ト	シ	物	画	浴	リ	ダ
ポ	ッ	書	ジ	猟	ル	写	絵	エ	興	魔	槽	ャ	活
興	ケ	イ	編	真	撮	ー	物	味	喜	び	釣	ク	読
陶	ー	ッ	ゲ	興	園	キ	編	猟	リ	シ	ダ	ゼ	絵
喜	ス	レ	ト	レ	イ	カ	ズ	喜	真	イ	猟	興	リ
ゲ	活	猟	ハ	チ	ュ	ー	ブ	バ	ッ	グ	ズ	ジ	画
ャ	読	陶	法	法	レ	ト	真	園	品	喜	イ	ン	魔
ャ	箱	瓶	グ	ダ	み	ン	ャ	ク	撮	写	写	キ	園

トレイ	カートン
浴槽	バスケット
バレル	バケツ
バッグ	花瓶
ポケット	スーツケース
ボトル	パケット
引き出し	封筒
フォルダ	チューブ

13 - Granja #1

ふ	園	撮	ハ	グ	絵	フ	ラ	影	パ	興	狩	陶	撮
喜	く	り	蜂	興	グ	キ	ジ	ゲ	ラ	び	ゼ	ハ	
グ	ダ	ら	蜜	読	ル	ハ	釣	ー	キ	ン	読	ヘ	活
ゲ	読	編	は	釣	魔	狩	ラ	陶	ル	肥	料	イ	画
エ	ゼ	興	カ	ぎ	エ	キ	グ	ル	プ	ド	芸	書	物
活	喜	ハ	ラ	農	馬	ー	陶	動	影	ン	ム	み	狩
ー	グ	真	ス	業	興	チ	ハ	ラ	ク	イ	エ	ム	び
プ	び	ハ	影	動	ズ	魔	キ	ヤ	ギ	み	芸	水	読
牛	品	ー	ゼ	編	味	エ	芸	ン	レ	絵	ル	影	陶
撮	法	シ	猟	物	ズ	書	芸	撮	撮	品	ダ	土	絵
レ	種	子	ラ	園	ロ	ゼ	リ	興	パ	ハ	み	地	芸
書	撮	ク	書	影	バ	パ	パ	味	興	キ	ク	キ	撮
編	レ	釣	影	魔	活	芸	狩	陶	蜂	喜	ズ	書	犬
フ	ェ	ン	ス	シ	喜	ジ	真	ハ	ラ	撮	猫	米	品

農業　　　　　　　　　　　蜂蜜
ロバ　　　　　　　　　　　チキン
ヤギ　　　　　　　　　　　種子
フィールド　　　　　　　　ふくらはぎ
カラス　　　　　　　　　　土地
肥料　　　　　　　　　　　フェンス
ヘイ

14 - Camping

品	ダ	ャ	ラ	法	び	喜	キ	イ	写	喜	物	コ	森
釣	ロ	ー	プ	ン	パ	魔	ャ	パ	ク	動	ゲ	ン	動
テ	ン	ト	湖	影	タ	陶	ビ	り	グ	グ	真	パ	釣
カ	ヌ	ー	昆	虫	リ	ン	ン	ル	み	火	狩	ス	活
パ	ハ	ン	モ	ッ	ク	シ	ジ	キ	ジ	ダ	猟	ゼ	ラ
イ	地	図	ャ	ル	猟	エ	撮	グ	真	木	ー	真	法
シ	エ	芸	ク	ラ	び	ー	リ	ラ	ー	ム	読	リ	読
写	ラ	ゲ	画	影	活	魔	ク	ン	書	ク	読	画	陶
編	ゼ	ゼ	ラ	品	ダ	り	パ	絵	グ	絵	動	物	グ
釣	釣	動	ジ	キ	山	エ	ラ	自	物	興	喜	リ	キ
物	写	動	グ	ン	グ	活	キ	陶	然	ダ	イ	ラ	ム
イ	画	真	ジ	ル	釣	キ	動	編	撮	ー	リ	興	ズ
喜	ラ	冒	プ	法	真	ャ	リ	園	興	品	動	月	撮
イ	グ	険	ジ	陶	キ	ル	ャ	シ	帽	子	魔	味	ダ

動物	ロープ
冒険	ハンモック
コンパス	昆虫
キャビン	ランタン
カヌー	地図
テント	自然
狩猟	帽子

15 - Fruta

園写画みズネラリ写撮絵物ゼバ
メロンパパクズ狩キダパ興リナ
絵画み味イタベリーりムび活ナ
ーパルーナリリ興パ編味ャー画
物ン喜釣ッンーシみびり釣イ梨
ダラジジプグ桃撮ゼリパルハゲ
撮パキレルアプリコットルルゲ
ンエウゲアバラコクア読芸書ズ
ルハイゲッオク味コャボ葡萄み
レ陶読マプレモンパナ釣力撮真
ズチジンルン画品パラッムドパ
グェダゴハジムダイ写陶ツク興
グリャー猟画書プヤ編味書書シ
品ーグ猟ゼレレムゲ写釣影リ喜

アボカド	マンゴー
アプリコット	アップル
ベリー	メロン
チェリー	オレンジ
ココナッツ	ネクタリン
ラズベリー	パパイヤ
グアバ	パイナップル
キウイ	バナナ
レモン	葡萄

16 - Geología

物	ミ	化	影	味	イ	イ	レ	ダ	喜	ー	ハ	石	火
ム	ネ	石	ジ	ン	絵	影	陶	園	編	園	ャ	英	山
ャ	ラ	筍	物	パ	パ	び	ー	高	喜	魔	活	ク	レ
カ	ル	シ	ウ	ム	グ	酸	撮	原	地	ズ	プ	芸	ジ
猟	び	画	ダ	リ	石	動	ム	り	震	写	魔	影	芸
ズ	画	び	み	読	動	活	ラ	絵	ジ	ャ	喜	レ	喜
園	パ	プ	ル	グ	物	ジ	み	リ	結	写	画	ズ	陶
編	猟	み	間	欠	泉	ン	真	動	猟	晶	エ	侵	り
影	写	ズ	パ	ン	品	リ	ズ	撮	書	魔	芸	絵	食
編	エ	ズ	溶	岩	園	ダ	み	り	撮	プ	ル	動	読
味	興	陶	味	コ	大	陸	層	ム	撮	陶	魔	ン	ャ
ハ	活	狩	興	ハ	ー	魔	ャ	ク	喜	シ	ゼ	ル	リ
ム	塩	グ	ー	パ	書	ラ	ル	み	絵	ズ	パ	リ	ジ
真	喜	洞	窟	ー	園	芸	ル	味	み	物	鍾	乳	石

カルシウム	石筍
洞窟	化石
大陸	間欠泉
コーラル	溶岩
結晶	高原
石英	ミネラル
侵食	地震
鍾乳石	火山

17 - Plantas

り	法	ズ	園	ベ	エ	魔	品	芸	ャ	肥	苔	森	葉
園	シ	喜	シ	リ	キ	レ	フ	ロ	ー	ラ	料	ゲ	レ
パ	ゼ	興	味	ー	ム	撮	読	動	ャ	シ	み	ル	狩
動	ラ	ラ	読	物	木	ハ	興	レ	ル	品	ズ	釣	蔦
庭	竹	ズ	園	レ	ダ	動	キ	ム	画	ゼ	画	狩	ャ
ャ	ラ	読	ラ	ー	ン	ハ	法	り	太	法	ム	釣	ズ
ー	興	エ	パ	活	ラ	喜	魔	ダ	陽	味	園	り	パ
サ	花	弁	キ	エ	植	生	品	根	品	猟	ー	編	読
ボ	パ	魔	味	編	シ	喜	び	品	ゼ	品	活	ゲ	ム
テ	写	レ	エ	ズ	ク	真	法	狩	ズ	狩	編	絵	編
ン	キ	ダ	猟	プ	品	活	撮	ク	味	豆	ズ	絵	ゲ
影	エ	ゼ	イ	シ	ゲ	ム	ゼ	興	ー	ジ	活	ー	興
魔	読	花	ブ	ッ	シ	ュ	草	狩	植	物	学	ゼ	品
ゼ	ル	真	撮	ジ	真	読	活	活	物	ハ	品	真	編

ブッシュ	フローラ
ベリー	花弁
植物学	太陽
サボテン	植生
肥料	

18 - Suministros de Arte

り	ズ	編	編	ク	ク	猟	法	陶	み	撮	喜	ル	ラ
ダ	ハ	物	絵	魔	ル	編	紙	イ	ン	ク	ン	油	リ
パ	ス	テ	ル	鉛	筆	イ	ー	ゼ	ル	イ	み	ジ	リ
喜	キ	ー	エ	釣	魔	塗	釣	書	ジ	味	ズ	ー	グ
品	プ	ブ	ラ	シ	読	料	法	粘	土	魔	喜	ー	ク
ハ	編	ル	ア	イ	デ	ア	釣	ダ	水	創	造	性	消
物	読	ダ	ン	ダ	書	ン	ゼ	園	キ	彩	画	の	し
ジ	ク	グ	プ	味	ク	カ	ー	写	物	シ	画	り	ゴ
イ	イ	撮	法	椅	子	び	メ	釣	喜	影	魔	み	ム
グ	影	ラ	真	撮	ャ	び	ア	ラ	ハ	ジ	撮	ム	ル
芸	色	狩	釣	ゲ	園	編	釣	ク	ゼ	キ	パ	真	ゼ
芸	猟	猟	狩	ハ	魔	り	ダ	撮	リ	味	イ	パ	動
み	ム	狩	芸	ラ	ン	パ	読	み	釣	ル	ゲ	ム	味
書	釣	興	魔	興	狩	キ	ラ	物	釣	ジ	園	ゼ	ク

アクリル	アイデア
水彩画	鉛筆
粘土	テーブル
消しゴム	パステル
イーゼル	のり
カメラ	塗料
ブラシ	椅子
創造性	インク

19 - Jardín

物 イ 動 真 グ パ 陶 真 び ー イ 動 ー シ
ル 味 魔 ゼ 猟 キ ハ ム 猟 園 釣 絵 狩 画
ラ ハ り 画 レ 陶 ゼ 魔 り 味 書 ク 花 猟
味 動 フ シ プ リ ャ ク 活 猟 み ポ 芸 び
ゼ 物 ェ ダ ク オ 絵 猟 ジ ガ レ ー ジ ハ
ト ラ ン ポ リ ン ー 狩 庭 影 ハ チ 動 撮
猟 品 ス ハ グ シ 品 チ 陶 ン 味 ジ 読 ー
シ 草 池 ン グ ー レ 猟 ャ 木 画 興 ル 陶
読 レ 物 モ 喜 法 魔 動 ブ ー ゲ 物 活 ベ
撮 芝 生 ッ 魔 品 ム 興 ッ 読 ド 真 土 ン
ホ ー ス ク 影 釣 イ ャ シ ャ ベ ル ゲ チ
ハ 画 ル 雑 草 撮 ハ プ ュ テ 活 リ 影 釣
み 読 ル ル 魔 猟 レ 物 ン ラ 影 熊 リ レ
芸 真 動 書 ル 写 撮 リ ダ ス 猟 手 ャ レ

ブッシュ	ホース
ベンチ	シャベル
芝生	ポーチ
ガレージ	熊手
ハンモック	テラス
オーチャード	トランポリン
雑草	フェンス

20 - Países #2

日	書	ジ	ウ	ク	ラ	イ	ナ	画	ア	ル	バ	ニ	ア
本	園	ャ	活	ゼ	ム	陶	喜	興	ル	味	エ	物	陶
撮	法	マ	パ	デ	ン	マ	ー	ク	ダ	ラ	チ	写	ア
び	ハ	イ	メ	キ	シ	コ	ク	ロ	シ	ア	オ	書	イ
魔	ラ	カ	ウ	絵	ス	画	ス	ャ	リ	影	ピ	ス	ル
ポ	ル	ト	ガ	ル	プ	タ	書	ー	ア	エ	ア	ル	ラ
シ	ン	物	ン	ギ	り	書	ン	イ	ダ	リ	レ	写	ン
り	ハ	釣	ダ	リ	芸	読	動	ク	グ	ン	ダ	動	ド
イ	ン	ド	ネ	シ	ア	オ	ー	ス	ト	ラ	リ	ア	ー
フ	ラ	ン	ス	ャ	オ	ー	ス	ト	リ	ア	ズ	リ	グ
品	り	真	真	ゲ	リ	ジ	活	ル	ゲ	ゼ	グ	猟	レ
猟	真	喜	喜	ダ	画	絵	編	ー	び	影	絵	ン	編
書	ル	パ	動	ゲ	ズ	ム	活	品	写	ジ	絵	ン	釣
編	ラ	エ	魔	物	園	喜	味	グ	物	法	グ	レ	画

アルバニア	日本
オーストラリア	ラオス
オーストリア	メキシコ
デンマーク	パキスタン
エチオピア	ポルトガル
フランス	ロシア
ギリシャ	シリア
インドネシア	スーダン
アイルランド	ウクライナ
ジャマイカ	ウガンダ

21 - Tecnología

イ	フ	法	ク	喜	キ	ハ	魔	ク	編	ム	物	カ	ー
撮	ン	ォ	味	影	撮	ゲ	釣	ダ	編	魔	ダ	メ	品
デ	ー	タ	ン	ソ	フ	ト	ウ	ェ	ア	喜	ー	ラ	ゲ
法	レ	興	ー	ト	イ	ズ	影	ブ	ラ	ウ	ザ	安	統
バ	イ	ト	パ	ネ	ウ	イ	ル	ス	ロ	魔	メ	全	計
ジ	猟	絵	書	ン	ッ	動	ダ	味	ゲ	グ	ッ	喜	陶
味	陶	魔	イ	ル	狩	ト	画	ズ	ジ	ダ	セ	魔	ハ
猟	工	猟	撮	撮	動	味	面	ン	編	喜	ー	編	陶
読	ゲ	ャ	ハ	品	エ	り	プ	読	ハ	絵	ジ	ズ	エ
デ	動	エ	ジ	ゼ	ゼ	フ	ァ	イ	ル	工	魔	活	ダ
ジ	ゼ	興	猟	ー	り	エ	ゼ	研	シ	釣	ム	ク	ゼ
タ	コ	ン	ピ	ュ	ー	タ	仮	究	真	ン	喜	動	法
ル	イ	書	味	味	キ	編	想	ジ	物	真	ル	書	ン
編	魔	カ	ー	ソ	ル	読	陶	画	ゲ	レ	ラ	ズ	読

ファイル
ブログ
バイト
カメラ
カーソル
データ
デジタル
統計
フォント
インターネット

研究
メッセージ
ブラウザ
コンピュータ
画面
安全
ソフトウェア
仮想
ウイルス

22 - Números

```
芸 ル 十 ク 絵 活 ゼ イ ャ 写 狩 魔 み 芸
釣 小 六 十 五 書 品 キ び リ プ 真 十 八
法 数 園 品 味 読 品 画 ニ ャ 品 釣 二 四
絵 写 ム パ プ ラ 釣 ク ラ パ 動 真 五 ム
ダ 品 写 読 シ 読 ダ 撮 み ー 三 一 興
喜 エ プ 喜 撮 ゼ 編 エ 四 ラ ズ 喜 九 狩
喜 シ 影 パ ク り 二 画 書 活 ク ゼ ロ 八
ゲ エ り 狩 品 ク 十 編 陶 園 活 ゲ 魔 エ
プ ル 芸 ャ キ ダ 品 グ ー リ 狩 狩 法 猟
書 物 セ ブ ン ティ ー ン 動 絵 ジ 猟 び
ル リ ブ 興 り 十 九 び み 法 パ 興 影 陶
芸 キ ン 法 ク 三 び シ 法 写 パ 写 ク グ
ル 活 物 編 魔 物 ー ム 真 工 園 グ リ 絵
喜 グ 絵 み 狩 ル 芸 ゲ り レ び リ 影 び
```

十四	セブンティーン
ゼロ	十二
小数	十五
十九	セブン
十八	十三
十六	二十

23 - Mitología

```
モ ン ス タ ー 生 リ レ ジ 不 写 芸 リ 絵
ハ 真 影 園 写 強 き グ 真 死 ゲ 文 味 猟
み ャ 絵 芸 ズ さ ハ 物 レ 活 み 化 ャ エ
モ ー タ ル リ 書 リ 園 喜 法 活 画 ラ ジ
動 法 キ グ み ル 動 信 プ ズ ン ク リ 写
撮 伝 ラ 写 嫉 ク ゲ 念 ン 品 動 写 ジ ル
興 説 猟 ビ 妬 パ ズ ゼ 書 ジ 写 法 雷 み
ル 編 狩 ジ リ 書 り 編 み 書 画 ク ダ 活
作 成 品 品 画 ン パ ー 書 興 復 讐 リ 書
イ 影 行 物 喜 真 ス ヒ ー ロ ー 動 動 戦
ダ グ 園 動 ー 園 ズ シ 釣 ム ハ 原 型 士
喜 絵 興 び 書 稲 書 釣 猟 魔 法 災 ゲ ン
グ 喜 芸 魔 ラ 妻 ン 画 キ プ レ 害 味 味
画 狩 レ 読 魔 ム ラ ハ 猟 リ 陶 パ 天 国
```

原型
嫉妬
天国
行動
作成
信念
生き物
文化
災害
強さ

戦士
ヒーロー
不死
ラビリンス
伝説
モンスター
モータル
稲妻
復讐

24 - Ecología

```
コ 自 然 魔 マ ラ 画 動 画 撮 プ 興 ャ 狩
ミ ー 書 ダ リ ー エ シ グ 猟 編 興 撮 山
ュ レ ボ ラ ン ティ ア 猟 ム 狩 ク リ 動
ニ 狩 植 生 ン ゼ 編 狩 味 品 ン 絵 影 ル
ティ 味 影 存 プ ャ レ 釣 真 プ 画 ル マ 画
ィ イ 法 法 ム グ エ 動 味 ナ ゲ ジ ー 写
び ャ キ ク フ ロ ー ラ 動 猟 チ び シ 興
持 真 芸 ャ 物 ー 興 ジ 動 物 写 ュ ュ 法
続 編 ル ン 写 バ ズ グ エ 撮 相 絵 ラ ー
可 読 ャ ー 芸 ル ジ ー エ 芸 画 画 ャ ル
能 ン 陶 興 グ 生 息 地 ハ み び プ ラ 動
魔 絵 み 編 種 魔 植 多 様 性 シ 書 ズ 物
書 旱 り り プ 書 イ 物 ハ ゼ 猟 気 シ ゲ
狩 魃 ー 活 物 狩 真 リ ソ ー ス 候 ジ 猟
```

気候	自然
コミュニティ	マーシュ
多様性	植物
動物相	リソース
フローラ	旱魃
グローバル	持続可能
生息地	生存
マリン	植生
ナチュラル	ボランティア

25 - Herramientas

り	シ	法	は	し	ご	ス	テ	ー	プ	ラ	ー	ゼ	ダ
味	レ	パ	画	動	ナ	イ	フ	陶	真	ム	ゼ	興	ー
ゼ	読	マ	画	ズ	ク	ゼ	ン	読	動	興	ね	魔	喜
味	キ	レ	ジ	び	編	ダ	レ	プ	魔	魔	じ	ー	園
味	ジ	ッ	の	り	プ	ゼ	芸	ム	ハ	芸	ク	ゼ	ハ
リ	か	ト	リ	芸	ゲ	プ	り	芸	影	ン	ラ	真	読
は	さ	み	斧	喜	ー	法	ホ	狩	ゲ	品	マ	芸	ハ
園	真	ム	そ	み	り	ム	園	イ	読	ン	撮	ー	画
シ	ャ	ベ	ル	り	ケ	ー	ブ	ル	ー	ゲ	絵	び	プ
ル	ー	ラ	ー	陶	絵	絵	品	ン	釣	ル	ク	ル	絵
魔	興	真	釣	興	物	パ	芸	活	物	ジ	絵	物	ハ
ズ	ク	撮	イ	ト	キ	活	釣	ハ	シ	ゼ	シ	編	影
絵	活	キ	ロ	ー	プ	プ	イ	ル	写	リ	パ	魔	プ
ハ	編	ペ	ン	チ	リ	み	ス	テ	ー	プ	ル	り	ン

ペンチ	マレット
トーチ	かみそり
ケーブル	シャベル
ナイフ	のり
ロープ	ルーラー
はしご	ホイール
ステープル	はさみ
ステープラー	ねじ
ハンマー	

26 - Casa

書ダイクイ画イレ絵レ画シラ画
狩み味ラグャ物園物レキャンプ絵
床動ャ釣ズ窓ーシ魔エ写ワプド
狩ムキ図書ムク猟興エ魔ー陶ア
蛇イ鏡書寝室猟ハ書猟グ活ゼル
ロびラ館屋猟ラエ暖撮リムイレ
グ狩ラ編根ゼ活グ炉地下エ猟キ
書ンン書裏園クリグ物絵ほ園園
ャダ法ゲ書味動ルエイじうキ書
リエエ書興園フ真活ダプき読影
読物ムグ壁興ェ園画動品エ庭ダ
ゲ品ャキッチン編陶レル味興キ
ゼ屋ガレージス狩喜撮ムン釣絵
園ル根プ撮物活リ画魔画動書活

ラグ	ガレージ
屋根裏	蛇口
図書館	ランプ
暖炉	ドア
キッチン	地下
寝室	屋根
シャワー	フェンス
ほうき	

27 - Artes Visuales

パ	イ	パ	鉛	筆	活	猟	ク	イ	陶	魔	エ	ー	ダ
キ	ア	ー	ティ	ス	ト	シ	陶	動	ダ	活	興	ゼ
ワ	ニ	ス	ゼ	真	釣	ハ	レ	み	ン	釣	味	物	編
建	グ	ペ	ゼ	ル	ス	テ	ン	シ	ル	写	び	パ	園
築	影	ク	魔	ゲ	リ	喜	画	構	ル	ハ	活	物	絵
リ	キ	テ	炭	影	活	ハ	イ	成	画	ム	写	絵	ラ
粘	土	ィ	彫	刻	シ	猟	園	写	リ	レ	プ	書	画
ム	編	ブ	グ	ハ	影	釣	ジ	画	物	ダ	キ	イ	ゼ
レ	ゼ	イ	ー	狩	喜	味	ズ	レ	活	狩	陶	イ	み
エ	ラ	ダ	ズ	プ	影	興	絵	動	イ	み	り	味	イ
ポ	ー	ト	レ	ー	ト	写	ワ	ッ	ク	ス	ズ	興	ゲ
ペ	創	造	性	写	釣	ラ	傑	作	法	猟	映	画	ク
ム	ン	興	喜	真	ジ	キ	影	味	び	グ	ー	撮	狩
撮	チ	ョ	ー	ク	ム	ム	ラ	法	編	リ	ラ	ゼ	び

粘土	鉛筆
建築	傑作
アーティスト	映画
ワニス	パースペクティブ
イーゼル	絵画
ワックス	ステンシル
構成	ペン
創造性	ポートレート
彫刻	チョーク
写真	

画エダイゲ喜撮ャびムゲハパイ
リキ品絵びみ先生ハ動園編り影
ア撮プハ活写猟写陶活バ鉛筆撮
カエゲダラシーリパズス園ン編
デ陶芸キゲプ園りル絵び画プ物
ミコンピュータキ文法法絵び絵
ッズ写バ写ハム科学品読読猟ル
クゲ辞ャッン物画リ画シゼグク
レン書イ釣クム服ラ味品法書レ
絵陶芸活画園パプ読教育リ釣芸
カレンダー書籍ッ書法図書館紙
味消はク喜物シ活ク工読び絵イ
パ耗さン影釣狩動グ園画びク真
イ品みクイ絵グり陶キゼびリレ

アカデミック	鉛筆
バス	読書
図書館	書籍
カレンダー	文学
科学	バックパック
辞書	コンピュータ
教育	先生
文法	消耗品
ゲーム	はさみ

29 - Selva Tropical

コ	ズ	猟	魔	ム	び	ゲ	ル	ゲ	園	パ	虫	写	喜
ハ	ミ	猟	ズ	プ	先	両	生	類	イ	撮	物	ン	ダ
植	絵	ュ	プ	イ	住	法	ゼ	写	園	品	活	び	撮
物	ズ	絵	ニ	雲	民	り	シ	芸	品	ダ	ン	ハ	書
復	元	絵	グ	テ	族	釣	絵	リ	ラ	種	物	興	び
狩	画	影	釣	尊	ィ	品	ー	品	真	び	ジ	味	陶
園	活	ク	リ	真	敬	工	魔	ク	シ	み	猟	画	自
多	様	性	り	活	ズ	鳥	陶	ク	ャ	哺	影	パ	然
写	ダ	園	キ	ャ	避	園	プ	読	ラ	乳	猟	ハ	味
書	喜	釣	シ	ゲ	難	撮	品	喜	ラ	類	編	レ	ジ
読	ダ	ン	ゼ	エ	味	ャ	撮	撮	ズ	絵	イ	エ	ャ
魔	書	ル	貴	重	ー	キ	真	活	影	陶	気	ク	ン
保	生	影	編	真	ジ	パ	シ	ル	ゼ	ル	候	品	グ
魔	存	苔	味	パ	ク	ハ	リ	ハ	読	真	絵	絵	ル

両生類	保存
植物	避難
気候	尊敬
コミュニティ	復元
多様性	ジャングル
先住民族	生存
哺乳類	貴重
自然	

30 - Colores

茶 み り レ 陶 レ ー レ ク 魔 法 ム キ グ
釣 色 猟 ゲ 法 ル み 活 グ ハ グ イ 編 り
ベ ー パ 真 ク 釣 シ 園 ル グ 狩 キ 画 プ
エ ー 園 芸 紺 碧 猟 狩 狩 書 影 り ジ 真
陶 ク ジ 絵 味 狩 芸 キ バ 芸 ジ 釣 ゼ 影
グ 法 園 ュ 陶 画 オ 園 イ ピ 活 動 グ ク
撮 ム 法 プ ラ び レ グ オ ン ゼ 魔 編 動
シ ゼ ズ ゲ マ ゼ ン タ レ ク 物 ル イ プ
青 ハ シ 読 ン パ ジ 品 ッ ー 魔 書 び ャ
り ダ ア ハ 釣 レ 興 エ ト ダ り 緑 ズ ゲ
ダ シ ン 芸 ク 影 ラ み フ グ 喜 赤 キ 物
び ラ セ ピ ア ブ ラ ッ ク リ ム ゾ ン 書
魔 ム 読 書 エ 動 ダ 陶 シ 紫 撮 写 イ 陶
影 白 い 黄 色 法 編 絵 ア イ ン ジ ゴ ン

黄色	インジゴ
紺碧	マゼンタ
ベージュ	茶色
白い	オレンジ
クリムゾン	ブラック
シアン	ピンク
フクシア	セピア
グレー	バイオレット

31 - Adjetivos #1

```
プ ン 真 ア ク テ ィ ブ 物 エ り 猟 味 ズ
み イ り 書 一 品 ル 遅 味 グ 写 ル ム レ
正 巨 大 な 魅 力 的 い グ み り り エ ャ
び 直 き レ ゲ 魔 物 び 画 ク 活 真 み 絵
ン 撮 い 若 ゼ 真 一 読 書 ム キ 芸 陶 興
ー ク 重 い 動 編 明 る い ズ 重 品 エ グ
読 陶 ハ 写 釣 シ び 真 プ 絵 ダ 要 キ ズ
野 心 的 影 真 キ 喜 魔 レ み ダ ハ ゾ 園
寛 パ 活 法 狩 パ 釣 ジ 影 芸 陶 パ チ 猟
大 法 み 画 芳 動 真 興 編 エ び 画 ッ ズ
な り ム 影 り 香 品 イ 暗 い リ 深 ク ゲ
モ ダ ン ゼ 完 ル 族 貴 重 絶 対 刻 味 り
ハ キ パ ハ 全 編 陶 一 編 ャ 動 ゲ ャ 味
ン ジ ル キ 画 シ 物 陶 エ ム ン ャ ゼ イ
```

絶対	正直
アクティブ	重要
野心的	若い
芳香族	遅い
魅力的	モダン
明るい	暗い
巨大な	完全
エキゾチック	重い
寛大な	深刻
大きい	貴重

32 - Familia

ラエ甥活品編魔味父ム祖興イお
ハ真写活興書り子供達父ラ孫ば
猟リク動グ魔り供園パ読活パあ
いとこゲ真ハクのレム絵イクち
り芸絵陶ンゼゼ頃ム品イびりゃ
子供一画ルプリ書園姪書陶喜ん
祖ジム法プ絵ー撮狩陶シ読ク芸
先喜ゲ読エ魔り活法猟叔ダみク
母キ編ズ法狩り編パ娘母編みゲ
姉妹味クー絵ジ撮り母レイ園妻
編ン喜動撮兄撮ジ陶陶性陶芸プ
芸魔叔び読弟喜写リ夫ム陶法シ
ゼハ父ダり魔ハ書エ法プレ編狩
ゃ魔写物書写園イエ園び真ル真

おばあちゃん	母性
祖父	子供
祖先	子供達
姉妹	いとこ
兄弟	叔母
子供の頃	叔父

33 - Disciplinas Científicas

熱	ダ	社	考	書	生	編	気	鉱	物	学	編	グ	陶
読	カ	会	古	真	一	物	象	品	リ	シ	撮	法	ク
言	語	学	学	陶	地	質	学	ゲ	撮	ジ	ダ	グ	生
活	ラ	動	み	ハ	狩	ハ	神	狩	ズ	り	び	絵	態
ャ	園	陶	キ	写	釣	読	経	猟	グ	狩	免	疫	学
編	み	ク	狩	魔	ラ	化	学	画	猟	喜	シ	プ	ク
ダ	ラ	興	ク	ズ	写	興	り	興	心	読	陶	物	画
釣	ズ	ャ	ジ	猟	真	影	ゼ	生	理	レ	狩	味	物
ラ	び	狩	撮	ハ	編	レ	物	化	学	ン	芸	工	物
真	イ	エ	ク	ク	ラ	天	文	学	魔	ハ	イ	影	ム
プ	魔	ズ	ゲ	味	動	解	ム	ゼ	魔	編	ゼ	イ	書
読	キ	み	ン	植	物	学	剖	カ	園	物	活	レ	プ
画	編	ル	動	み	学	喜	活	学	法	パ	ン	芸	品
猟	一	陶	み	品	ャ	ダ	プ	み	法	レ	ゲ	編	り

解剖学
考古学
天文学
生物学
生化学
植物学
生態学
生理
地質学
免疫学

言語学
力学
気象学
鉱物学
神経学
心理学
化学
社会学
熱力学
動物学

34 - Cocina

魔	陶	オ	ー	ブ	ン	レ	撮	読	喜	ナ	ル	ク	喜
ナ	園	ム	レ	ン	グ	キ	み	ス	エ	プ	ロ	ン	ク
イ	釣	ジ	び	書	ジ	ダ	書	パ	ポ	キ	ダ	魔	芸
フ	芸	び	読	レ	ジ	み	絵	イ	撮	ン	カ	ッ	プ
ォ	狩	編	法	編	釣	芸	喜	ス	園	ス	ジ	動	撮
ー	品	活	リ	物	イ	ゲ	び	陶	イ	水	プ	動	動
ク	リ	画	み	グ	魔	真	芸	書	喜	差	撮	ー	キ
イ	編	魔	活	ー	箸	撮	ボ	ー	絵	し	レ	陶	ン
シ	エ	エ	活	ジ	シ	レ	ウ	ハ	物	喜	シ	興	プ
魔	写	編	ズ	グ	ケ	ト	ル	冷	蔵	庫	ピ	プ	グ
瓶	法	イ	法	リ	冷	猟	シ	ゼ	食	芸	ジ	ハ	ラ
ハ	ゼ	キ	喜	ル	凍	撮	書	び	撮	べ	編	編	絵
園	芸	撮	ー	活	庫	釣	リ	喜	パ	プ	物	エ	ダ
興	画	グ	味	影	リ	エ	ル	ゼ	ズ	魔	活	レ	真

ケトル　　　　　　　　　　水差し
食べ物　　　　　　　　　　グリル
冷凍庫　　　　　　　　　　レシピ
スプーン　　　　　　　　　冷蔵庫
ナイフ　　　　　　　　　　ナプキン
エプロン　　　　　　　　　カップ
スパイス　　　　　　　　　ボウル
スポンジ　　　　　　　　　フォーク
オーブン

写活ダ喜リ狩プ陶動撮写リ撮園
エ図りゃ法学ぶために数字パ味
リび書籍リ園ハ鉛陶影ラリ教編
キ芸イ館クイペン筆魔芸み室法
イリエキズマーカーク園ラ猟法
陶喜ル興ムゼり読ャズハン猟び
紙友椅芸品編写物味影数チラみ
陶達子机み活ハア物影学撮ャハ
動絵プび芸フォルダー絵レ喜狩
画みみゲ芸ズ撮フ影クみ芸ハル
写写ジ絵ー興ラァ答イ編芸活狩
先ム陶物ーキズベえ陶影試ャャ
ハ生活クイズびッ園芸法験び喜
品リゼ芸クイダト興ープパ活エ

アルファベット	鉛筆
ランチ	書籍
友達	マーカー
学ぶために	数学
教室	数字
図書館	ペン
フォルダー	先生
クイズ	答え
試験	椅子

36 - Adjetivos #2

```
猟 責 ナ 新 着 ラ 味 パ み 狩 ク 影 魔 ク
ム 任 チ 鮮 影 疲 れ た 画 絵 リ ゲ レ 魔
狩 者 ュ な ラ 写 写 生 真 エ ラ 品 り ル
元 気 ラ 猟 ラ ー 劇 産 ド ラ イ 誇 び 品
キ 食 ル ム ン ズ 的 影 レ テ び 喜 み
レ 用 物 ラ ル ル 書 ゼ ラ ィ び 興 リ
プ ク イ ャ 真 ゼ り ラ ン 興 ブ 狩 狩 リ
ゼ 画 面 ズ ゲ 有 物 ゼ パ 法 イ 陶 芸 法
ル ン ー 白 強 名 ク 猟 活 編 写 プ グ プ
イ 釣 動 辛 い な エ ジ 味 ズ 塩 猟 ン プ
編 リ ル エ キ 画 レ 園 び 絵 り 辛 画 ズ
グ イ 正 常 説 明 ガ ル 読 ク ク 魔 い 興
リ 真 パ 真 レ イ ン 動 み ゲ び ラ 動
キ 陶 リ ダ 芸 リ ト 喜 魔 真 キ パ 物 グ
```

疲れた	ナチュラル
食用	正常
クリエイティブ	新着
説明	誇り
劇的	辛い
エレガント	生産的
有名な	責任者
新鮮な	塩辛い
強い	元気
面白い	ドライ

37 - Cuerpo Humano

物足ク ャダ肌ン猟活品血魔ズ園
足喜首芸ジ鼻ル園読パ手みゲ品
ダムエパ顔指エ書み動ラムイ編
ゼジみゲル活編影真リ動味芸ー
ャズゼゲャレ撮び ム魔肘書園リ
み興エ絵興ク グ芸ゼーキ動び活
物興釣ー画絵パズ写キ肩法釣パ
喜品グリイ興ンクり物グみ編読
エャ編りり釣レエ ゲャ釣ダ真ン
写喜プ動ダ芸興ク撮ハ脳頭法み
真首口顎動グリ動喜芸影法影エ
陶ム活グジル品法品影活釣編心
耳狩シ ー園イ ダープ り膝撮物臓
み書ハキ味ャラ狩目リジゼ舌絵

心臓　　　　　　　　　　足首

38 - Ciencia

ダ	園	ャ	分	子	エ	び	ズ	ル	プ	猟	絵	ー	り
エ	ク	釣	リ	び	写	絵	味	狩	パ	味	ハ	イ	ン
グ	仮	ー	物	イ	編	ラ	キ	ラ	ダ	ゲ	び	リ	科
影	説	自	ゲ	影	リ	編	み	編	グ	キ	ゼ	リ	学
芸	原	喜	然	魔	魔	味	プ	ハ	読	画	影	写	者
気	子	レ	み	物	キ	芸	ハ	シ	シ	撮	ク	陶	ル
リ	候	植	ム	真	編	り	ク	読	エ	動	釣	ハ	ハ
魔	生	物	理	学	読	ゲ	ミ	ネ	ラ	ル	物	パ	パ
イ	プ	重	エ	キ	真	シ	事	実	ム	猟	園	プ	活
び	シ	カ	ク	活	書	画	釣	影	ジ	ン	化	リ	び
ジ	絵	ゲ	陶	芸	狩	釣	ン	画	ハ	リ	石	み	活
デ	ー	タ	写	粒	研	究	室	読	魔	味	芸	パ	レ
影	芸	実	験	子	方	シ	動	狩	進	ハ	写	品	動
喜	シ	真	味	ゲ	レ	法	園	イ	化	学	薬	品	プ

原子	仮説
科学者	研究室
気候	方法
データ	ミネラル
進化	分子
実験	自然
物理学	生物
化石	粒子
重力	植物
事実	化学薬品

39 - Dinosaurios

ム	り	魔	パ	み	ル	狩	ズ	び	ジ	絵	プ	興	尾
動	ハ	陶	パ	活	動	ズ	レ	サ	レ	リ	品	ジ	先
り	ャ	キ	ン	物	ャ	草	雑	イ	シ	真	猟	興	史
キ	園	り	爬	虫	類	レ	食	ズ	動	影	喜	味	時
動	大	き	い	マ	ン	モ	ス	動	獲	釣	み	ハ	代
パ	ム	エ	ハ	写	ダ	魔	ャ	喜	物	ム	狩	ダ	グ
び	園	撮	地	球	グ	み	イ	園	活	み	ム	撮	翼
編	イ	活	ャ	び	ャ	書	書	ャ	書	グ	画	書	芸
ラ	プ	タ	ー	ム	活	プ	園	巨	画	画	肉	リ	ン
ゲ	シ	ハ	動	グ	興	ル	芸	大	園	釣	食	ゼ	狩
読	釣	ダ	物	グ	真	狩	み	な	陶	ム	動	み	画
ズ	ン	強	進	化	品	イ	釣	法	ル	絵	物	種	パ
狩	ン	喜	力	画	喜	び	失	狩	キ	リ	み	化	ゼ
写	興	釣	ャ	な	び	み	踪	陶	ク	シ	ハ	石	ラ

肉食動物	雑食
失踪	強力な
巨大な	先史時代
進化	獲物
化石	ラプター
大きい	爬虫類
草食動物	サイズ
マンモス	地球

40 - Restaurante #2

パ	ル	ゲ	レ	ゲ	び	絵	プ	絵	ジ	真	味	味	釣
法	ラ	ン	チ	ハ	ラ	絵	ム	び	釣	ル	ゲ	ク	味
画	書	シ	ム	グ	プ	エ	ラ	魔	フ	品	レ	物	写
ズ	絵	ゼ	水	猟	ハ	読	ハ	ー	ォ	リ	野	み	園
狩	釣	パ	シ	興	喜	ラ	み	ケ	ー	キ	菜	美	ム
ン	魔	読	イ	撮	イ	興	物	み	ク	読	ン	味	キ
サ	ラ	ダ	飲	料	ズ	シ	パ	写	び	パ	猟	し	狩
物	エ	撮	ム	ズ	リ	ク	り	リ	卵	興	パ	い	シ
動	ダ	魔	ウ	ダ	影	物	真	ゼ	ハ	ズ	び	キ	猟
ゲ	レ	動	氷	ェ	ゼ	み	絵	ク	味	プ	喜	リ	ル
み	物	パ	ス	パ	イ	ス	フ	ス	プ	ー	ン	狩	品
塩	前	菜	魔	キ	キ	タ	ル	ー	ル	椅	子	動	法
魔	魔	ラ	グ	ン	興	魚	ー	プ	動	写	ム	写	タ
書	編	ム	ラ	ゲ	ハ	パ	ツ	ル	真	書	イ	写	食

ランチ	スパイス
前菜	フルーツ
飲料	ケーキ
ウェイター	椅子
夕食	スープ
スプーン	フォーク
美味しい	野菜
サラダ	

41 - Profesiones #1

味	ジ	撮	ジ	配	物	画	動	影	物	ア	ハ	喜	び
獣	医	者	撮	管	陶	狩	消	み	ル	ス	写	ダ	釣
ゲ	ー	影	画	エ	プ	ハ	ゲ	防	味	リ	ラ	ー	喜
喜	品	園	芸	プ	興	魔	プ	ラ	士	ー	ン	芸	音
グ	園	プ	絵	看	釣	り	弁	護	士	ト	猟	芸	楽
ク	ラ	ピ	狩	護	活	ャ	宝	芸	ズ	コ	ー	チ	家
キ	味	ア	踊	婦	芸	ム	み	石	パ	ダ	地	魔	活
ジ	園	ニ	ゼ	り	ゲ	キ	シ	レ	商	釣	質	品	エ
ン	園	ス	レ	狩	子	プ	ハ	ン	タ	ー	学	活	キ
喜	園	ト	編	集	者	パ	心	天	文	学	者	ー	品
り	大	使	活	釣	イ	陶	理	ラ	レ	物	ゲ	動	撮
ン	ャ	書	ゲ	陶	プ	撮	学	銀	行	家	園	芸	パ
書	キ	猟	地	図	製	作	者	興	キ	キ	ー	味	動
ズ	喜	画	イ	ャ	ゼ	キ	法	ン	魔	画	魔	ズ	ャ

弁護士	大使
天文学者	看護婦
アスリート	コーチ
踊り子	配管工
銀行家	地質学者
消防士	宝石商
地図製作者	音楽家
ハンター	ピアニスト
医者	心理学者
編集者	獣医

42 - Vehículos

ト	フ	味	キ	猟	潜	写	リ	み	魔	編	品	編	写
ラ	モ	ェ	ャ	品	水	リ	ジ	品	活	レ	書	ャ	ゼ
ク	ー	ン	リ	ボ	艦	ハ	キ	ン	地	下	鉄	猟	ズ
タ	タ	ク	シ	ー	バ	ス	絵	猟	陶	ク	ム	釣	園
ー	ジ	エ	ト	列	車	イ	陶	写	ン	園	書	影	
エ	リ	園	リ	品	ロ	園	ダ	キ	救	シ	イ	り	ヘ
法	イ	法	イ	魔	ケ	興	写	タ	急	ラ	ャ	ャ	リ
シ	物	ー	自	び	ッ	び	画	イ	車	イ	喜	読	コ
ャ	ル	パ	転	画	ト	ャ	ー	ヤ	ダ	プ	写	み	プ
ト	法	キ	車	ト	ラ	ッ	ク	り	シ	ン	真	リ	タ
ル	ク	撮	ャ	品	み	活	編	シ	飛	園	狩	ズ	ー
画	魔	レ	レ	ラ	味	ラ	狩	芸	行	園	ジ	ジ	ジ
物	ャ	狩	り	書	バ	リャ	法	ズ	機	狩	パ	イ	
パ	い	か	だ	ャ	味	ン	読	喜	ム	法	狩	グ	シ

救急車	ヘリコプター
バス	シャトル
飛行機	地下鉄
いかだ	モーター
ボート	タイヤ
自転車	潜水艦
トラック	タクシー
キャラバン	トラクター
ロケット	列車
フェリー	

43 - Vacaciones #2

影 レ 絵 ン 交 タ ハ ズ 外 活 パ 行 レ 園
芸 ス ジ 喜 通 ン ク リ 国 活 ス 動 き 法
ン ト ラ ャ り シ 喜 シ 人 物 ポ 休 日 先
書 ラ テ ビ ー チ パ り ー 真 ー キ ル 海
品 ン ン ザ 絵 シ 狩 エ 園 写 ト 動 書 法
ャ エ ト び ル ゲ 絵 シ 猟 真 ル 猟 釣 活
ム 活 キ 活 猟 ズ 喜 ル パ 喜 絵 び 陶 園
真 書 ム 書 予 旅 物 ゼ 陶 活 活 喜 興 ム
興 読 絵 園 約 狩 釣 影 ル ズ 法 エ イ 真
地 み シ キ ホ パ り 編 活 撮 リ ラ ゲ プ
図 ラ 書 り テ ル ム ゼ 釣 み ン 園 書 品
列 猟 ム ハ ル 動 グ み 真 リ 品 活 影
車 ン 品 真 釣 興 魔 み リ ム 空 興 ム
興 活 興 法 書 読 魔 芸 ゲ ズ 港 ム リ 島

空港	ビーチ
テント	予約
行き先	レストラン
外国人	タクシー
写真	交通
ホテル	列車
地図	休日
レジャー	ビザ
パスポート	

44 - Cumpleaños

生	ま	れ	ス	日	エ	リ	ル	招	ー	りゃ	読	イ
猟	み	活	ペ	ゲ	真	キ	ー	待	品	ズ	ズ	び	パ
ズ	び	絵	シ	動	味	園	ー	状	り	活	狩	活	ン
知	ゼ	キ	ャ	ン	ド	ル	ハ	レ	写	エ	写	動	み
ハ	恵	み	ル	贈	歌	レ	エ	イ	読	ジ	魔	書	ハ
魔	グ	ン	ム	り	時	間	絵	ム	釣	パ	パ	リ	撮
ジ	ハ	動	編	物	書	ー	ー	猟	魔	動	芸	び	パ
釣	イ	り	シ	興	ジ	魔	喜	写	園	ハ	ッ	ピ	ー
魔	び	撮	活	法	撮	シ	狩	ー	ル	ン	び	喜	ティ
陶	物	法	編	友	年	学	み	カ	グ	芸	釣	園	ィ
興	猟	パ	リ	ム	達	ぶ	ケ	ー	キ	陶	喜	シ	ー
品	芸	動	ダ	喜	シ	た	影	ド	書	写	若	思	レ
シ	品	写	釣	写	興	め	法	エ	絵	お	祝	い	ズ
カ	レ	ン	ダ	ー	ン	に	ン	編	み	プ	シ	出	ゲ

友達　　　　　　　パーティー
学ぶために　　　　ケーキ
カレンダー　　　　思い出
お祝い　　　　　　贈り物
スペシャル　　　　知恵
ハッピー　　　　　カード
招待状　　　　　　時間
若い　　　　　　　キャンドル
生まれ

45 - Baile

興 イ ク ル リ 動 ン 味 写 み 狩 ズ 編 園
リ シ ラ キ ハ パ ー 読 ゼ ム 画 ク ジ 写
動 き シ 喜 ー 写 ゼ ャ ャ ア 体 活 ハ ジ
興 み ッ 狩 サ 読 芸 キ カ ャ 陶 プ パ
真 び ク 魔 ル ー ン プ キ デ 画 り 園 エ
レ 編 パ 芸 シ ハ 味 振 魔 ミ 猟 イ パ 狩
音 楽 リ 読 園 び ゼ リ り ー 品 パ ー リ
シ レ 陶 ル 書 ビ 表 エ ム 付 ア ー ト 書
ラ 動 ー プ シ ジ 現 ゲ ク 伝 け リ ナ シ
撮 リ 絵 物 味 ュ カ 法 イ 釣 統 読 ー 感
真 ラ 姿 り 陶 ア 豊 陶 興 興 猟 的 ラ 情
活 園 ラ 勢 グ ル か キ 動 ジ 画 狩 文 ン
ー 写 物 ハ ル 撮 な 品 釣 芸 ム 撮 化 ラ
真 レ 動 猟 イ リ ズ ム 魔 パ 書 ズ 魔 喜

アカデミー	動き
アート	音楽
クラシック	姿勢
振り付け	リズム
文化	パートナー
感情	伝統的
リハーサル	ビジュアル
表現力豊かな	

46 - Matemáticas

ャ	ジ	活	ル	方	シ	写	シ	魔	撮	ゼ	ハ	芸	物
イ	び	法	撮	程	み	活	ク	ジ	釣	撮	シ	編	み
ャ	シ	プ	猟	式	味	パ	画	ン	編	ボ	ラ	イ	ム
法	物	画	り	多	垂	シ	ハ	品	エ	リ	ク	ャ	ゼ
ゼ	真	動	写	角	直	シ	み	矩	形	ュ	喜	ル	影
ム	写	幾	魔	形	径	活	平	行	編	ー	釣	興	レ
猟	猟	何	読	ル	ダ	園	読	狩	り	ム	り	キ	ー
動	ー	学	レ	ゼ	シ	プ	撮	算	術	興	プ	狩	物
対	称	撮	ン	絵	ゼ	ラ	ラ	絵	喜	ラ	リ	指	小
魔	写	平	行	四	辺	形	味	品	陶	影	ー	分	数
陶	釣	ラ	グ	半	撮	み	真	活	プ	魔	影	ハ	み
円	活	興	動	書	径	芸	影	物	園	三	リ	味	魔
周	味	ン	数	字	ハ	イ	法	ャ	び	角	度	プ	ー
ハ	囲	ー	パ	興	り	ゼ	み	リ	ゼ	形	ズ	ゲ	読

算術	平行
角度	平行四辺形
円周	周囲
小数	垂直
直径	多角形
方程式	半径
指数	矩形
分数	対称
幾何学	三角形
数字	ボリューム

47 - Restaurante #1

読 プ リ 品 メ ゲ ャ ー 真 陶 ー パ 陶 影
活 画 味 キ ニ 陶 プ ダ 魔 法 書 陶 み び
喜 り み ゼ ュ 肉 魔 物 真 猟 法 影 ハ 釣
ー ー 撮 ソ ー ス 写 芸 猟 編 味 プ ラ 写
ボ ウ ル 法 キ 皿 動 喜 陶 パ シ 品 喜 法
パ 味 釣 キ 品 陶 真 釣 ハ ゲ 園 リ プ 影
ン デ 喜 喜 予 約 猟 書 味 ア 猟 魔 動 画
コ ザ ズ ジ 書 リ レ 影 ジ レ 法 ハ レ ジ
魔 ー ズ キ 写 編 活 撮 グ ル プ び レ 喜
編 ト ヒ リ シ ナ イ フ ゼ ギ 絵 書 チ 撮
撮 エ ジ ー び プ 食 ベ 物 ー 辛 狩 キ 狩
釣 ダ 陶 味 喜 キ 絵 キ ッ チ ン い ン ク
ー 編 陶 ラ 撮 ン ウ ェ イ ト レ ス 撮 ハ
味 真 園 リ 読 釣 び 園 法 ム 影 リ 撮 絵

アレルギー	辛い
コーヒー	チキン
ウェイトレス	デザート
キッチン	予約
食べ物	ソース
ナイフ	ナプキン
メニュー	ボウル
パン	

48 - Profesiones #2

物 イ び 興 パ 言 真 魔 ジ 宇 宙 飛 行 士
ク 哲 ラ 興 キ 語 影 活 ャ イ 外 科 医 師
ゲ 学 ム ス ン 学 エ レ ー ル リ グ プ 撮
イ 者 真 ー ト 者 猟 撮 ナ 読 ム ル キ ハ
エ プ ゲ ゼ 画 レ ク ハ リ み 芸 ズ 物 キ
画 シ キ 写 真 家 ー ラ ス ム 庭 師 プ ン
ズ ゼ 味 エ 物 味 パ タ ト ハ 影 味 釣 ル
ャ 陶 品 ン 写 ジ 歯 シ ー ダ キ プ パ 品
品 ー 喜 ジ イ 物 写 医 撮 興 釣 味 イ ハ
影 グ 活 ニ ャ 書 発 明 者 ジ 魔 興 ロ レ
研 究 者 ア 品 読 釣 釣 影 狩 ズ ク ッ 魔
び 先 撮 ゲ 活 動 物 学 者 探 偵 読 ト 絵
絵 生 物 学 者 司 書 写 芸 ラ 陶 絵 り ダ
影 興 り ル エ 法 写 魔 ジ 物 編 活 ゲ キ

宇宙飛行士	発明者
司書	研究者
生物学者	庭師
外科医	言語学者
歯医者	医師
探偵	ジャーナリスト
哲学者	パイロット
写真家	画家
イラストレーター	先生
エンジニア	動物学者

49 - Senderismo

```
気 動 り グ び ダ サ 自 喜 疲 み 興 ジ ム
候 レ 書 公 園 シ ミ 然 エ 読 れ ャ 撮 品
読 ハ 釣 味 キ 動 ッ ャ ー ゼ 影 た ブ リ
編 法 絵 び ズ 陶 ト 釣 ク 味 魔 オ ー 編
ラ レ 編 プ 地 図 崖 動 物 キ 読 リ ッ み
読 キ 法 ル 品 活 真 陶 品 編 ャ エ シ ダ
撮 ル 喜 喜 み ン 山 蚊 写 リ ン ン ハ キ
魔 ン シ レ 園 猟 画 ゼ 太 陽 ラ テ プ 陶
み 猟 リ 陶 準 備 キ ー 法 リ 画 ー 法 ジ
動 影 影 重 い 撮 真 芸 キ イ ハ シ ク 狩
水 味 ガ 野 生 活 活 喜 ラ 狩 ム ョ 画 味
み り ャ イ ダ イ ル 絵 興 撮 ャ ン ゼ イ
撮 狩 ジ ー ド 興 パ 法 り 法 物 み エ ン
ラ 書 プ 釣 園 石 品 レ ゼ 陶 ャ 撮 画 み
```

動物　　　　　　　　　自然
ブーツ　　　　　　　　オリエンテーション
キャンプ　　　　　　　公園
疲れた　　　　　　　　重い
気候　　　　　　　　　準備
サミット　　　　　　　野生
ガイド　　　　　　　　太陽
地図

50 - Naturaleza

読	イ	シ	書	法	川	品	ー	霧	美	し	さ	リ	ラ
北	極	興	野	品	ャ	動	陶	物	動	穏	重	要	キ
影	編	り	生	び	エ	写	シ	法	ム	や	ゲ	法	書
砂	漠	ン	品	ト	画	び	動	り	陶	か	グ	パ	魔
写	影	パ	ハ	ロ	動	写	森	イ	パ	レ	ハ	ハ	釣
喜	ダ	喜	絵	ピ	写	氷	動	物	写	ゼ	釣	り	葉
読	画	活	ズ	カ	り	河	味	グ	活	パ	狩	影	ダ
陶	パ	シ	ェ	ル	タ	ー	編	ゼ	喜	画	編	ダ	み
真	平	シ	編	び	ハ	猟	動	動	ム	レ	イ	グ	物
蜂	和	ー	び	ゃ	び	物	的	撮	ダ	芸	パ	影	ク
魔	サ	ン	ク	チ	ュ	ア	リ	キ	法	ハ	グ	絵	リ
動	猟	キ	影	芸	猟	味	動	書	動	シ	法	シ	動
味	絵	び	活	猟	エ	シ	リ	ゲ	ゃ	写	ク	釣	読
影	撮	ャ	雲	喜	画	絵	園	侵	食	喜	編	レ	絵

動物	平和
北極	シェルター
美しさ	野生
砂漠	サンクチュアリ
動的	穏やか
侵食	トロピカル
氷河	重要

51 - Conduciendo

法	ズ	芸	釣	び	釣	興	ガ	ャ	読	み	猟	燃	陶
写	活	び	イ	危	険	陶	レ	ハ	ャ	影	園	料	ク
ハ	ジ	プ	ー	リ	み	モ	ー	タ	ー	キ	ゼ	撮	グ
び	味	法	画	真	ダ	物	ジ	園	ャ	猟	プ	ー	真
ン	ャ	ラ	魔	シ	リ	歩	行	者	パ	ム	品	リ	ズ
絵	猟	イ	み	芸	興	ム	ラ	動	読	喜	ダ	ゲ	ダ
園	プ	セ	写	リ	パ	画	画	書	ル	キ	ル	交	通
動	釣	ン	オ	ー	ト	バ	イ	バ	ス	ト	リ	ー	ト
ゲ	ゲ	ス	陶	エ	ハ	ャ	読	法	ゼ	シ	エ	キ	ャ
動	ト	安	陶	速	狩	シ	物	編	影	ズ	グ	プ	ダ
読	ン	ラ	全	度	編	味	ブ	シ	ラ	び	ハ	絵	陶
ダ	ネ	動	ッ	性	法	書	レ	写	ハ	陶	狩	物	地
園	ル	ル	み	ク	ル	影	ー	絵	物	興	事	車	図
魔	味	ム	警	察	ガ	ス	キ	グ	イ	ャ	故	品	書

事故	オートバイ
バス	モーター
ストリート	歩行者
トラック	危険
燃料	警察
ブレーキ	安全性
ガレージ	交通
ガス	トンネル
ライセンス	速度
地図	

52 - Ballet

拍	作	曲	家	動	ル	シ	キ	プ	狩	グ	ム	グ	ル
法	手	キ	ク	絵	バ	レ	リ	ー	ナ	プ	ー	シ	読
ジ	ェ	ス	チ	ャ	ー	ソ	ロ	プ	振	絵	活	イ	ゲ
猟	真	キ	グ	リ	喜	ジ	ン	エ	り	筋	肉	動	喜
影	味	ル	び	ハ	動	ダ	レ	ダ	付	魔	写	ハ	活
キ	園	ハ	オ	ー	ケ	ス	ト	ラ	け	品	シ	物	プ
読	エ	品	読	サ	イ	タ	ジ	物	影	ゲ	ル	法	法
グ	強	レ	ャ	ル	ズ	イ	技	術	ズ	り	猟	ズ	ン
プ	度	法	ッ	画	味	ル	ク	ジ	イ	グ	ン	ゲ	キ
芸	音	物	キ	ス	ゼ	ダ	り	ル	ジ	読	ャ	練	習
術	楽	ダ	興	狩	ン	グ	ン	表	現	力	豊	か	な
的	ー	ク	ゃ	陶	リ	ダ	編	サ	プ	リ	撮	ハ	猟
ゼ	シ	味	画	リ	パ	エ	り	画	ー	ズ	活	パ	ン
レ	釣	喜	ゼ	グ	イ	園	法	魔	絵	ム	ハ	ー	編

拍手	スキル
芸術的	強度
バレリーナ	レッスン
ダンサー	筋肉
作曲家	音楽
振り付け	オーケストラ
リハーサル	練習
スタイル	リズム
表現力豊かな	ソロ
ジェスチャー	技術

53 - Aventura

ゲ	ン	味	珍	味	シ	ー	撮	ズ	イ	書	ゼ	芸	園
自	ラ	撮	し	ジ	編	ダ	魔	動	撮	新	安	全	性
画	然	シ	い	キ	み	リ	エ	ク	真	着	読	喜	物
ナ	ビ	ゲ	ー	シ	ョ	ン	ズ	釣	ラ	勇	絵	動	グ
キ	イ	み	興	活	準	魔	熱	友	達	気	読	み	芸
喜	ジ	り	釣	動	備	読	意	ム	み	グ	猟	魔	ル
狩	危	ラ	ゲ	芸	喜	プ	編	プ	狩	ゲ	プ	活	ャ
物	険	釣	美	し	さ	エ	品	味	釣	ャ	ー	編	ハ
芸	な	レ	絵	猟	活	イ	動	レ	パ	ゲ	喜	レ	り
真	グ	撮	ム	プ	喜	ン	ズ	絵	ジ	シ	写	ジ	品
旅	程	困	ー	影	チ	エ	遠	物	み	リ	み	芸	レ
陶	絵	難	編	写	ャ	ハ	足	喜	真	り	画	り	ゼ
行	き	先	ゼ	狩	ン	リ	撮	び	書	ラ	物	イ	物
興	ク	狩	撮	ハ	ス	シ	画	パ	法	影	グ	絵	撮

活動	旅程
喜び	自然
友達	ナビゲーション
美しさ	新着
行き先	チャンス
困難	危険な
熱意	準備
遠足	安全性
珍しい	勇気

54 - Pájaros

コ ー 編 ゼ 品 陶 真 み ア ム 鷲 び 物 オ
ン ウ ル 画 真 イ 魔 レ 園 ヒ ス ズ メ ウ
撮 喜 ノ 興 鷹 グ キ ゼ パ 写 ル 編 み ム
キ 釣 ン ト 喜 書 エ ハ ハ 動 編 釣 レ ゼ
び び ズ 芸 リ ペ ン ギ ン 影 び ラ パ 園
真 物 影 フ カ 白 鳥 活 卵 ク ン 興 活 ム
狩 品 活 サ ラ ゲ 編 興 り ラ 編 一 活 レ
ャ ン エ ギ ス ミ 喜 絵 狩 ダ パ キ 読 レ
写 絵 物 編 チ キ ン 動 書 品 ゲ リ 動 芸
ズ 園 ゼ 興 釣 ム カ ゴ 鳩 ル パ 釣 魔 パ
び 法 興 レ ダ ダ ッ り カ モ メ 法 グ エ
り 物 魔 り 絵 チ コ オ オ ハ シ ク ラ グ
動 ゲ 活 ガ チ ョ ウ ペ リ カ ン 物 書
グ び 品 エ ウ ズ ラ シ ジ ラ 読 ル 書

ダチョウ	カモメ
コウノトリ	スズメ
白鳥	オウム
カッコウ	アヒル
カラス	ペリカン
フラミンゴ	ペンギン
ガチョウ	チキン
サギ	オオハシ

55 - Playa

ゲ	カ	絵	猟	ラ	み	写	ム	ズ	法	味	ク	ハ	イ
サ	ニ	ズ	動	グ	品	園	真	釣	陶	興	写	ク	活
品	ン	海	洋	ー	ン	キ	り	芸	画	画	真	ー	び
ジ	狩	ダ	物	ン	ン	海	真	ム	写	リ	ー	フ	シ
ン	陶	猟	ル	絵	パ	岸	グ	タ	オ	ル	ボ	ル	キ
芸	リ	砂	レ	パ	び	真	ー	太	法	グ	ー	狩	絵
ャ	写	ク	び	シ	ャ	ジ	シ	陽	ヨ	ッ	ト	ジ	魔
り	活	書	狩	シ	ジ	パ	物	編	釣	び	傘	イ	ン
編	撮	青	芸	味	活	ル	ン	リ	ズ	釣	写	法	み
陶	ー	シ	ジ	ダ	活	グ	狩	ル	休	暇	リ	絵	園
物	プ	味	ン	真	エ	ル	法	ジ	狩	ャ	ン	物	島
レ	園	味	写	猟	真	ダ	喜	写	興	味	ー	リ	ャ
喜	芸	絵	法	パ	興	プ	猟	撮	ジ	ズ	プ	プ	ズ
活	リ	画	釣	芸	キ	魔	法	影	真	イ	ダ	猟	ジ

リーフ　　　　　　　　　　　サンダル
ボート　　　　　　　　　　　太陽
カニ　　　　　　　　　　　　タオル
海岸　　　　　　　　　　　　休暇
ラグーン　　　　　　　　　　ヨット
海洋

56 - Surf

品	ゲ	画	魔	り	エ	グ	人	天	シ	物	ャ	物	真
エ	び	品	ン	エ	画	胃	リ	気	ゼ	芸	ル	興	陶
園	編	ズ	興	ル	強	さ	海	洋	の	速	度	編	ジ
猟	波	初	心	者	ジ	ク	画	グ	法	物	エ	り	ダ
喜	グ	影	編	絵	パ	読	ズ	品	喜	ャ	猟	エ	陶
ゲ	ズ	ジ	シ	喜	ー	影	ム	動	ラ	陶	ダ	ダ	陶
リ	猟	ジ	編	魔	ハ	絵	ジ	ス	タ	イ	ル	写	物
真	写	ク	魔	ア	撮	キ	プ	活	イ	撮	ム	泡	
イ	動	ゲ	ハ	ス	パ	イ	レ	シ	パ	イ	編	ジ	
影	リ	群	衆	リ	ー	フ	パ	ー	撮	エ	物	パ	喜
ル	真	陶	キ	ー	編	ャ	ド	チ	ャ	ン	ピ	オ	ン
ム	芸	画	釣	ト	読	ン	ル	写	猟	影	味	イ	り
プ	絵	物	リ	園	読	芸	ビ	ー	チ	品	ン	ダ	画
楽	し	い	リ	レ	興	工	魔	読	法	り	ゼ	び	ゲ

リーフ 海洋
アスリート ビーチ
チャンピオン 人気の
天気 初心者
楽しい パドル
スタイル スプレー
強さ 速度
群衆

57 - Geografía

読	ン	園	釣	ジ	魔	園	キ	品	り	真	南	半	ジ
芸	撮	ゲ	画	画	エ	喜	撮	ジ	大	真	地	球	真
西	絵	み	キ	ム	味	グ	影	プ	物	陸	図	陶	ズ
ゼ	品	ハ	ズ	味	グ	リ	絵	読	書	ハ	ジ	び	味
北	味	活	ー	み	ル	狩	緯	味	芸	ム	写	撮	み
グ	読	び	狩	品	芸	興	経	度	ゲ	撮	プ	り	パ
画	み	パ	リ	ズ	パ	グ	リ	シ	ズ	活	シ	イ	物
画	写	ム	ズ	ズ	画	プ	ラ	ゼ	キ	ズ	子	午	線
世	猟	写	シ	陶	味	撮	園	高	度	真	味	ズ	ー
界	魔	物	山	領	ゲ	み	猟	び	り	ハ	ル	レ	活
魔	猟	影	地	域	ラ	ア	書	釣	魔	真	真	み	影
ン	園	プ	動	喜	撮	ト	ン	魔	編	川	リ	写	ム
市	ン	喜	国	み	り	ラ	シ	り	絵	レ	エ	釣	島
猟	ン	影	海	園	物	ス	ズ	プ	プ	喜	プ	び	ズ

高度	地図
アトラス	子午線
大陸	世界
半球	領域
緯度	地域
経度	

58 - Deportes

ス	ゴ	プ	シ	釣	コ	読	釣	絵	ン	プ	味	り	物
タ	ル	絵	ア	ス	リ	ー	ト	影	野	キ	ダ	イ	チ
ジ	フ	ラ	影	編	影	ズ	チ	パ	真	球	み	興	ャ
ア	り	読	写	リ	影	園	ー	パ	猟	品	ラ	イ	ン
ム	ー	絵	狩	リ	園	ダ	ム	み	ホ	物	ダ	プ	ピ
み	味	グ	真	シ	ル	芸	ゲ	ー	ッ	ー	り	味	オ
真	ハ	自	ゼ	影	ハ	審	ー	品	ケ	体	育	館	ン
真	リ	転	真	ダ	レ	判	ム	プ	ー	操	ン	喜	シ
ン	り	車	勝	者	ー	ジ	ハ	法	レ	り	エ	ー	ッ
ム	撮	ハ	狩	ダ	編	味	画	プ	ズ	ー	絵	書	プ
ジ	グ	猟	芸	ゼ	動	び	法	興	読	動	ヤ	ク	ハ
猟	テ	魔	ラ	み	物	ラ	写	活	ー	き	ハ	ー	動
シ	ニ	ム	ラ	ゼ	品	狩	キ	ン	真	狩	読	興	動
バ	ス	ケ	ッ	ト	ボ	ー	ル	読	狩	イ	ジ	興	み

アスリート	勝者
審判	体操
バスケットボール	体育館
野球	ゴルフ
自転車	ホッケー
チャンピオンシップ	ゲーム
コーチ	プレーヤー
チーム	動き
スタジアム	テニス

59 - Actividades

み	猟	陶	ク	ジ	狩	写	レ	写	ル	プ	ハ	真	キ
ャ	釣	法	魔	法	活	真	ジ	ル	グ	ア	ン	ゲ	ゼ
法	グ	ル	ル	園	ラ	撮	ャ	ー	レ	ー	読	書	魔
ゲ	興	ク	法	芸	影	影	ー	編	釣	ト	ー	狩	芸
ム	ク	物	真	魔	園	釣	り	イ	園	撮	絵	エ	ゲ
魔	園	猟	エ	読	喜	び	品	釣	ン	絵	ン	プ	シ
び	リ	リ	エ	芸	品	撮	イ	ゲ	影	園	絵	イ	ン
撮	ー	ラ	イ	リ	ス	法	興	狩	レ	ジ	リ	猟	ゼ
ズ	レ	ク	ハ	イ	キ	ン	グ	品	興	味	ジ	法	ャ
キ	ム	ゼ	味	グ	ル	ル	ゲ	ー	リ	画	法	活	ャ
活	動	ー	ゼ	釣	パ	ズ	ル	ー	味	編	読	み	法
プ	撮	シ	縫	ク	物	び	法	ン	ム	み	味	品	喜
狩	び	ョ	ャ	製	芸	シ	写	プ	ゲ	物	魔	ャ	ジ
味	猟	ン	絵	画	興	ャ	ゼ	ラ	ズ	狩	味	ジ	法

活動	読書
アート	魔法
工芸品	レジャー
狩猟	釣り
縫製	絵画
写真撮影	喜び
スキル	リラクゼーション
興味	パズル
園芸	ハイキング
ゲーム	編み物

60 - Verduras

影	ア	サ	ラ	ダ	品	ほ	ク	シ	猟	エ	狩	り	ン
釣	ー	ニ	ン	ニ	ク	キ	う	ジ	法	キ	喜	び	絵
み	テ	読	味	陶	ク	活	ュ	れ	イ	ノ	グ	絵	画
動	ィ	絵	品	ゼ	真	シ	ジ	ウ	ん	コ	興	撮	ゼ
ブ	チ	イ	セ	ロ	リ	絵	芸	影	リ	草	プ	絵	撮
ロ	ョ	喜	編	活	パ	書	じ	活	グ	エ	ゲ	品	ズ
ッ	ー	芸	パ	か	ぼ	ち	活	画	キ	ン	ー	ラ	ゲ
コ	ク	物	イ	セ	オ	編	が	グ	に	ド	り	ム	キ
リ	ゼ	芸	動	び	リ	だ	い	こ	ん	ウ	ト	マ	ト
ー	シ	読	撮	撮	ー	活	も	ゲ	じ	釣	魔	撮	法
ズ	陶	法	茄	子	ブ	ラ	絵	み	ん	園	猟	び	写
法	興	カ	ブ	シ	ョ	ウ	ガ	ム	レ	ー	ジ	イ	狩
狩	玉	葱	猟	活	絵	読	ダ	動	狩	狩	プ	陶	園
喜	真	品	絵	写	り	ル	り	法	び	画	み	ム	ー

ニンニク	ショウガ
アーティチョーク	カブ
セロリ	オリーブ
茄子	じゃがいも
ブロッコリー	キュウリ
かぼちゃ	パセリ
玉葱	だいこん
サラダ	キノコ
ほうれん草	トマト
エンドウ	にんじん

61 - Instrumentos Musicales

パ	ラ	ゲ	狩	フ	ゼ	園	ハ	プ	ク	ム	絵	読	物
ー	ハ	撮	喜	ァ	キ	フ	ル	ー	ト	読	物	ム	ャ
カ	り	プ	パ	ゴ	ン	グ	狩	品	モ	撮	画	興	ン
ッ	プ	動	画	ッ	ダ	猟	味	ク	タ	ニ	興	園	バ
シ	イ	プ	キ	ト	オ	ー	ボ	エ	ギ	ン	カ	ク	イ
ョ	リ	チ	ェ	ロ	シ	撮	イ	ハ	タ	ゲ	バ	ラ	オ
ン	動	園	動	ン	陶	猟	ャ	ジ	ー	ル	品	リ	リ
陶	プ	ル	グ	ボ	シ	写	魔	読	シ	プ	魔	ネ	ン
ダ	ム	リ	グ	ー	び	レ	味	芸	グ	動	ム	ッ	読
ン	動	ル	真	ン	り	猟	ラ	絵	ラ	サ	マ	ト	ン
ト	ラ	ン	ペ	ッ	ト	ー	釣	園	ズ	ッ	ン	ジ	陶
エ	ピ	マ	リ	ン	バ	ン	ジ	ョ	ー	ク	ド	ラ	ム
ハ	ア	イ	キ	ゼ	プ	ダ	ラ	ン	陶	ス	リ	ダ	み
ラ	ノ	リ	ー	パ	パ	グ	動	ズ	園	編	ン	ハ	エ

ハーモニカ	オーボエ
ハープ	タンバリン
バンジョー	パーカッション
クラリネット	ピアノ
ファゴット	サックス
フルート	ドラム
ゴング	トロンボーン
ギター	トランペット
マンドリン	バイオリン
マリンバ	チェロ

62 - Escalada

活	芸	ハ	ャ	物	ン	び	グ	活	物	み	ク	書	活
洞	窟	リ	び	ク	影	撮	み	ク	地	形	び	ャ	レ
ヘ	ハ	ブ	ー	ツ	ハ	ー	ト	動	図	イ	シ	雰	猟
魔	ル	イ	び	ゼ	狩	園	レ	陶	猟	ハ	法	囲	ー
ム	猟	メ	キ	専	ジ	陶	ー	好	レ	ダ	気	ジ	釣
パ	品	強	ッ	門	絵	ー	二	奇	釣	ジ	興	み	ダ
ャ	び	さ	画	ト	家	二	心	ダ	ャ	園	動	物	
リ	真	ゼ	猟	法	喜	ム	グ	レ	ハ	品	編	安	
品	リ	ゼ	エ	撮	撮	ジ	喜	プ	み	味	読	定	
芸	怪	我	狭	い	キ	法	写	手	キ	釣	ク	性	
キ	品	ル	ガ	ダ	陶	法	動	袋	イ	猟	ル	釣	
動	動	芸	イ	び	味	興	ー	喜	パ	影	読	品	高
興	レ	興	ド	真	真	ル	写	陶	ゼ	ダ	ン	真	度
陶	ク	ジ	ン	物	ダ	写	レ	画	ダ	ル	陶	書	ズ

高度	トレーニング
雰囲気	強さ
ブーツ	手袋
ヘルメット	ガイド
洞窟	怪我
好奇心	地図
安定性	ハイキング
狭い	地形
専門家	

63 - Mascotas

芸	グ	ン	ね	レ	犬	み	真	パ	喜	び	リ	襟	み
獣	医	編	ず	興	み	猟	エ	ハ	動	活	物	カ	メ
味	パ	書	み	狩	喜	エ	絵	活	品	画	動	ラ	魔
み	陶	ジ	活	リ	影	狩	魚	ム	喜	ク	真	写	ム
絵	ン	ャ	レ	絵	シ	リ	編	リ	オ	ゲ	ム	爪	絵
喜	園	ャ	び	ジ	陶	読	ジ	書	ウ	ラ	イ	ズ	芸
猟	グ	物	品	写	ル	エ	撮	ハ	ム	ス	タ	ー	イ
牛	味	尾	物	ラ	ジ	動	び	活	ン	ジ	び	グ	ム
陶	足	ハ	園	物	品	パ	ズ	プ	猟	真	画	シ	イ
ダ	ゼ	園	ー	ダ	狩	品	リ	園	ル	味	ル	う	活
プ	ン	レ	び	ー	子	魔	レ	び	ヤ	ゲ	ル	さ	品
法	編	動	ー	法	犬	猫	ト	食	ギ	ク	喜	ぎ	読
写	エ	び	び	法	影	ハ	カ	ベ	水	ム	ャ	狩	影
編	ル	写	エ	真	撮	編	ゲ	物	法	園	ャ	絵	魔

ヤギ   トカゲ
子犬   オウム
食べ物   ねずみ
うさぎ   カメ
子猫   獣医
ハムスター

64 - Formas

リ	ル	陶	狩	ピ	影	グ	動	ン	興	書	楕	影	ゼ
園	ャ	ジ	ダ	ン	ラ	魔	ル	喜	キ	側	円	ー	イ
編	ダ	ャ	味	釣	味	ミ	エ	双	曲	線	形	イ	ゲ
狩	ゼ	イ	影	ク	絵	狩	ッ	陶	狩	狩	芸	猟	ゲ
三	角	形	ズ	ー	グ	ゲ	ジ	ド	円	編	パ	真	撮
ゼ	み	り	レ	猟	ジ	シ	画	影	撮	レ	キ	レ	ゲ
ゼ	ク	り	魔	み	絵	興	狩	ム	プ	シ	読	楕	円
読	プ	絵	読	パ	エ	影	画	写	レ	リ	狩	狩	錐
陶	品	編	三	キ	品	猟	矩	ラ	イ	ン	ズ	画	画
曲	線	レ	乗	ハ	真	編	形	ー	釣	ダ	動	ム	読
り	キ	釣	物	エ	ハ	画	ム	ラ	ム	ー	ル	ジ	ゼ
書	ー	活	読	物	ズ	ン	プ	多	興	猟	動	撮	画
コ	ー	ナ	ー	ゲ	興	園	陶	み	角	ア	ー	ク	み
芸	ル	ハ	法	り	ル	グ	真	編	芸	形	プ	ズ	レ

アーク	双曲線
エッジ	ライン
シリンダー	楕円形
円錐	ピラミッド
三乗	多角形
曲線	プリズム
楕円	矩形
コーナー	三角形

65 - Flores

狩	パ	レ	グ	興	プ	写	ー	品	撮	ン	ク	デ	リ
陶	園	狩	園	ム	ル	物	り	ル	真	ハ	ロ	イ	動
ハ	興	ズ	編	活	メ	タ	ン	ポ	ポ	ピ	ー	ジ	チ
味	猟	マ	グ	ノ	リ	ア	ク	チ	ナ	シ	バ	ー	ュ
ム	花	束	魔	興	ア	ハ	読	猟	ク	ク	ー	陶	ー
ラ	弁	ト	ケ	イ	ソ	ウ	イ	ゼ	猟	動	活	撮	リ
ベ	イ	み	イ	ハ	パ	ク	ひ	ビ	書	ル	活	レ	ッ
ン	ズ	ラ	園	イ	リ	イ	ま	イ	ス	プ	イ	ラ	プ
ダ	写	パ	ッ	撮	ハ	興	わ	パ	グ	カ	リ	猟	イ
ー	シ	レ	ズ	ク	ズ	写	り	法	興	ゼ	ス	ャ	活
み	ン	魔	狩	影	蘭	喜	ン	猟	編	牡	物	み	活
レ	味	ゲ	エ	活	百	芸	ラ	レ	レ	キ	丹	狩	猟
ジ	ャ	ス	ミ	ン	合	影	活	ゼ	み	写	り	リ	狩
キ	ハ	イ	ジ	ダ	り	魔	画	真	喜	ハ	書	ル	ダ

ポピー	マグノリア
タンポポ	デイジー
クチナシ	トケイソウ
ひまわり	牡丹
ハイビスカス	花弁
ジャスミン	プルメリア
ラベンダー	花束
ライラック	クローバー
百合	チューリップ

66 - Astronomía

ジ	ム	重	ャ	り	動	パ	読	影	ロ	銀	衛	読	グ
動	ゼ	カ	ン	ゼ	ハ	リ	パ	レ	ケ	河	星	活	画
読	ー	ラ	動	動	ゼ	ャ	読	狩	ッ	み	超	狩	ズ
ズ	興	物	画	影	品	び	天	影	ト	イ	新	魔	芸
狩	キ	魔	喜	猟	撮	味	文	物	喜	流	星	写	エ
興	月	釣	イ	望	キ	グ	学	キ	影	活	ー	ム	パ
エ	芸	ジ	狩	遠	真	芸	者	法	喜	シ	グ	グ	品
味	ク	イ	ダ	鏡	ジ	芸	リ	ク	法	陶	絵	ゼ	り
グ	真	放	リ	撮	ゼ	ハ	釣	喜	ジ	読	春	分	猟
エ	動	射	動	ー	書	活	猟	書	シ	ャ	書	ン	ズ
小	ズ	線	エ	ル	ハ	ハ	エ	動	興	ジ	陶	猟	狩
真	惑	宇	宙	動	星	食	グ	ズ	ク	イ	地	惑	書
ャ	ラ	星	動	物	陶	座	レ	天	文	台	球	星	空
ャ	法	絵	撮	影	シ	ー	法	宇	宙	飛	行	士	ン

小惑星	天文台
宇宙飛行士	惑星
天文学者	放射線
ロケット	衛星
星座	超新星
春分	望遠鏡
銀河	地球
重力	宇宙
流星	

67 - Tiempo

パ	朝	前	レ	魔	喜	世	紀	昨	年	ハ	ー	ゲ	グ
品	ン	興	ル	プ	書	プ	陶	日	絵	猟	キ	影	物
び	味	未	来	ク	芸	影	シ	撮	読	キ	ハ	ク	み
今	び	ム	リ	編	ゲ	シ	昼	法	ダ	品	ン	園	び
ゲ	喜	真	読	グ	書	時	間	芸	イ	シ	パ	活	ャ
ー	瞬	法	魔	魔	プ	物	ム	芸	写	編	ゲ	り	物
品	魔	ム	ダ	イ	み	ム	真	陶	エ	ズ	ク	味	ル
法	陶	シ	物	り	ゼ	ー	ズ	ル	画	ジ	週	編	法
ズ	カ	リ	今	通	画	り	ゼ	味	エ	画	魔	み	ラ
ゼ	レ	写	日	猟	年	り	ラ	月	興	喜	絵	魔	写
写	ン	動	猟	ラ	動	り	ダ	ム	撮	画	魔	読	読
編	ダ	び	猟	ル	ル	猟	ゲ	エ	動	レ	り	物	ジ
み	ー	キ	読	ハ	書	ラ	時	書	十	ラ	陶	書	ダ
ー	分	夜	ラ	品	ラ	ー	計	読	ル	年	ゲ	ン	び

通年	時間
昨日	今日
カレンダー	一瞬
十年	時計
未来	世紀

68 - Paisajes

ン	ル	狩	河	口	法	写	読	洞	シ	エ	イ	み	氷
味	シ	み	芸	湖	園	川	ゼ	窟	ク	ン	物	火	河
ビ	影	り	ン	陶	興	グ	イ	ゼ	谷	パ	氷	山	画
ー	読	真	リ	ン	キ	画	喜	写	狩	読	狩	猟	写
チ	真	絵	ラ	グ	ー	ン	魔	編	狩	砂	ジ	物	滝
興	影	園	園	シ	イ	活	撮	ラ	ハ	漠	り	読	ハ
味	編	パ	レ	陶	興	猟	レ	釣	み	ダ	プ	ゲ	ジ
ム	猟	ズ	真	ク	ハ	グ	ダ	陶	ー	み	ズ	法	画
キ	海	撮	動	半	レ	物	キ	品	品	ズ	キ	園	山
ラ	陶	ゼ	品	島	シ	エ	釣	リ	パ	絵	釣	ン	絵
ゲ	興	ツ	ン	ド	ラ	沼	オ	ア	シ	ス	芸	釣	ハ
興	動	り	ズ	喜	編	み	味	魔	み	グ	ハ	芸	魔
び	ム	活	グ	釣	動	書	芸	釣	間	欠	泉	リ	パ
動	喜	法	ム	釣	ャ	読	リ	び	園	活	ン	プ	ム

洞窟	ラグーン
砂漠	オアシス
河口	半島
間欠泉	ビーチ
氷河	ツンドラ
氷山	火山

69 - Días y Meses

イ	シ	エ	イ	プ	リ	ル	エ	セ	八	月	日	曜	日
七	一	十	り	編	ラ	撮	プ	画	プ	物	カ	ラ	り
月	五	一	ン	絵	味	釣	品	グ	プ	テ	レ	画	動
曜	魔	月	陶	ン	ズ	水	真	写	読	写	ン	釣	び
日	猟	釣	活	ャ	金	曜	日	書	画	ダ	ダ	バ	ャ
陶	り	グ	ャ	法	絵	日	六	月	動	ル	一	絵	一
ゼ	絵	キ	園	ラ	写	園	魔	キ	シ	狩	び	グ	ズ
イ	イ	撮	味	動	ャ	レ	ジ	行	ジ	ク	エ	ゼ	園
喜	み	味	イ	パ	ズ	キ	書	進	動	ダ	狩	味	物
魔	狩	ル	狩	影	釣	ル	猟	火	木	ズ	法	書	エ
ゼ	喜	ャ	ハ	ャ	ン	品	ラ	土	曜	日	週	一	ジ
ャ	物	び	魔	ラ	ダ	ラ	園	ダ	日	日	年	ゲ	ゼ
興	狩	芸	真	芸	品	二	月	書	プ	リ	ラ	読	レ
グ	パ	キ	ク	編	ク	陶	シ	物	シ	動	園	り	魔

エイプリル	火曜日
八月	行進
カレンダー	五月
日曜日	水曜日
二月	十一月
木曜日	土曜日
七月	セプテンバー
六月	金曜日
月曜日	

70 - Chocolate

レ	芸	一	味	キ	猟	び	味	読	撮	ダ	リ	ズ	カ
シ	ン	物	狩	動	ハ	撮	ラ	撮	書	ャ	読	酸	カ
ピ	ー	ナ	ッ	ツ	エ	び	物	絵	動	グ	ク	化	オ
釣	ク	パ	書	ル	グ	粉	狩	ジ	エ	リ	お	防	ラ
物	芸	ム	香	コ	カ	真	ャ	ハ	絵	魔	気	止	真
び	ク	ズ	カ	り	コ	ロ	シ	リ	ャ	職	に	剤	狩
ゲ	シ	読	ラ	美	芸	ナ	リ	猟	魔	人	入	影	ラ
ラ	活	エ	メ	味	画	品	ッ	ー	ジ	喜	り	レ	動
喜	一	リ	ル	し	編	猟	真	ツ	エ	活	イ	品	質
み	エ	り	苦	い	プ	レ	ク	喜	び	陶	ム	釣	喜
興	リ	園	イ	影	キ	ダ	ク	イ	砂	成	分	陶	活
エ	キ	ゾ	チ	ッ	ク	ハ	パ	狩	糖	ジ	陶	書	ズ
編	真	陶	キ	ン	レ	法	ズ	狩	品	書	園	甘	猟
イ	り	グ	り	イ	み	ン	写	画	ク	動	ゼ	い	ハ

苦い
酸化防止剤
香り
職人
砂糖
ピーナッツ
カカオ
品質
カロリー

カラメル
ココナッツ
美味しい
甘い
エキゾチック
お気に入り
成分
レシピ

71 - Barbacoas

工	書	撮	野	菜	イ	ホ	玉	ね	ぎ	興	ル	み	編
猟	タ	り	ジ	ズ	魔	ッ	書	書	園	シ	ク	法	ム
ナ	食	撮	ソ	パ	り	ト	グ	真	園	ン	編	パ	リ
エ	イ	ゲ	ー	ム	陶	読	イ	撮	レ	影	狩	猟	サ
キ	ゲ	フ	ス	ダ	み	グ	品	ク	動	写	写	り	ラ
ズ	興	ル	魔	画	画	ー	魔	味	写	ン	喜	動	ダ
写	み	ー	陶	猟	ラ	塩	コ	品	芸	ー	魔	び	味
レ	動	ツ	み	り	動	キ	撮	シ	ム	園	び	み	ャ
画	編	ダ	撮	ハ	ラ	釣	真	園	ョ	釣	り	編	活
チ	プ	撮	動	ズ	物	ム	画	飢	動	ウ	ゼ	動	法
芸	キ	キ	レ	狩	ラ	撮	ハ	餓	ダ	エ	猟	グ	猟
ラ	ラ	ン	チ	家	撮	ト	マ	ト	音	楽	猟	リ	撮
園	子	供	達	族	夏	ー	ン	陶	ゲ	撮	活	ル	釣
リ	ゲ	真	味	パ	猟	ズ	キ	画	興	物	ジ	ム	園

ランチ	ゲーム
ホット	音楽
玉ねぎ	子供達
夕食	グリル
ナイフ	コショウ
サラダ	チキン
家族	ソース
フルーツ	トマト
飢餓	野菜

72 - Ropa

```
リ ジ エ シ 狩 ー ャ 書 ー 釣 猟 ラ 影 イ
ブ ュ 編 プ 動 真 影 シ ハ ダ ジ 喜 ク 品
ラ エ シ エ ロ 真 シ 真 ズ キ ャ 動 撮 手
ウ リ キ 園 撮 ン 撮 動 靴 ダ ケ ラ 画 袋
ス ー ネ ッ ク レ ス 写 ファ ッ ショ ン 画
物 カ ブ レ ス レ ッ ト 興 エ ト ャ ダ 法
エ セ ー タ ー カ 魔 パ ン ツ 真 ッ ク グ
品 キ ハ フ 味 コ ー 芸 撮 ド レ ス 活 喜
ジ パ 品 味 シ ー ベ ト 狩 ダ 帽 写 動 興
り 画 み り 写 ト ル 味 ダ 興 子 活 動 読
サ ン ダ ル み ジ ト ゼ 読 ハ パ 画 絵 ズ
レ 活 動 ラ ー ル 味 ャ グ 撮 活 ゼ 陶 ク
イ 釣 ン 読 パ ジャ マ ム 読 釣 絵 真 レ
影 キ シ 品 ジ パ ジ 編 キ 芸 品 り 絵
```

コート	ジュエリー
ブラウス	ファッション
スカーフ	パンツ
シャツ	パジャマ
ジャケット	ブレスレット
ベルト	サンダル
ネックレス	帽子
エプロン	セーター
スカート	ドレス
手袋	

73 - Meditación

法	み	魔	ゼ	動	き	陶	芸	ラ	ハ	マ	リ	ダ	法
猟	読	法	編	シ	ャ	猟	ジ	狩	真	イ	パ	エ	ゲ
り	呼	ク	イ	ゲ	み	動	魔	ズ	ル	ン	狩	真	ジ
興	吸	絵	影	レ	猟	ム	ン	画	絵	ド	キ	活	魔
真	メ	レ	画	ゲ	シ	グ	み	パ	園	ゲ	写	エ	真
魔	受	ン	ル	読	ジ	喜	レ	猟	リ	リ	撮	ハ	写
動	ク	け	タ	園	真	興	観	法	パ	グ	ラ	び	ジ
ク	ー	親	入	ル	り	ジ	察	明	ー	魔	読	書	シ
エ	ク	切	ジ	れ	ズ	ズ	興	快	ス	思	考	ダ	ン
読	猟	物	写	び	平	和	パ	り	ペ	魔	ダ	釣	沈
エ	ン	読	絵	猟	ダ	リ	姿	勢	ク	感	情	思	黙
動	書	み	自	り	エ	ク	物	活	テ	写	レ	い	狩
ン	エ	陶	然	注	読	音	楽	編	ィ	感	謝	や	ハ
影	喜	園	プ	喜	意	習	慣	陶	ブ	キ	画	り	ハ

受け入れ	動き
注意	音楽
親切	自然
明快	観察
思いやり	平和
感情	思考
感謝	パースペクティブ
習慣	姿勢
メンタル	呼吸
マインド	沈黙

74 - Libros

```
ゲ レ 画 書 ム り 物 法 真 喜 活 ゼ 狩 撮
興 ム び か 喜 法 活 ダ ゼ り ニ プ ー キ
り 魔 リ れ 魔 読 品 冒 リ ゼ ハ 悲 重 性
キ 画 ラ た ャ 詩 ム 険 物 ク 喜 劇 り 書
グ 猟 言 釣 シ 陶 キ 編 ャ 読 編 的 芸 猟
ー 釣 葉 レ リ 活 ゼ ャ 真 ン 書 び ャ ゲ
ス ト ー リ ー コ レ ク シ ョ ン ー 狩 文
プ ズ 発 レ ズ ラ 狩 グ ペ 品 活 ズ 読 学
活 興 ル 明 プ び ゲ イ ー パ 興 写 喜 絵
プ リ ャ ナ レ ー タ ー ジ 小 説 イ ズ ル
読 興 品 ゼ ラ 写 撮 ハ シ り 関 物 真 絵
芸 グ 真 陶 ゼ 猟 ズ 歴 史 的 連 ク ン 興
読 ユ ー モ ラ ス 著 絵 法 編 す 真 編 活
者 書 味 エ ピ ッ ク 著 者 編 る 園 り み
```

著者	読者
冒険	文学
コレクション	ナレーター
二重性	小説
エピック	言葉
書かれた	ページ
ストーリー	関連する
歴史的	シリーズ
ユーモラス	悲劇的
発明	

75 - Nutrición

狩	ソ	重	さ	陶	味	ー	品	芸	物	芸	ゼ	法	活
レ	ー	グ	喜	画	ャ	陶	パ	芸	ジ	書	撮	ダ	び
撮	ス	芸	ダ	ム	ダ	ジ	芸	法	ズ	レ	ゼ	元	味
食	欲	ラ	撮	芸	イ	ー	陶	狩	写	健	園	撮	気
絵	リ	り	ラ	絵	法	園	喜	ズ	ン	康	写	リ	栄
毒	素	画	レ	動	リ	品	消	バ	ラ	ン	ス	ラ	養
ハ	味	ム	真	品	食	用	ダ	化	カ	ロ	リ	ー	素
画	び	真	ゲ	質	ク	ハ	イ	パ	猟	興	キ	パ	ャ
ン	シ	リ	ハ	物	苦	い	エ	習	慣	発	ク	影	ル
活	興	り	活	キ	物	ハ	ッ	ビ	ハ	リ	酵	味	ゲ
読	園	リ	シ	興	ダ	ー	ト	タ	絵	ゼ	ラ	ハ	魔
法	プ	魔	味	喜	ゼ	び	ハ	ミ	イ	撮	味	真	品
編	写	グ	イ	活	狩	編	タ	ン	パ	ク	質	ク	真
リ	写	芸	ゼ	狩	炭	水	化	物	品	ダ	り	影	リ

苦い	習慣
食欲	栄養素
品質	重さ
カロリー	タンパク質
炭水化物	ソース
食用	健康
ダイエット	元気
消化	毒素
バランス	ビタミン
発酵	

76 - Edificios

```
レ 学 喜 ガ 撮 エ み エ 喜 撮 ー 博 イ シ
読 校 読 レ 釣 園 喜 画 園 撮 ン 物 ダ 物
ス ン 読 ー 絵 釣 タ 写 大 使 館 写 猟 ハ
ホ タ 影 ジ 農 法 ワ エ ゲ み 釣 興 び ハ
テ イ ジ 読 品 場 ー 魔 研 究 室 物 芸 編
ル シ ダ ア 編 ス リ 猟 書 ハ び 活 画 ジ
ル 編 グ パ ム ー 画 ャ 動 大 読 天 法 ダ
写 レ 真 ー プ パ り ホ 読 学 ク ー 文 ダ
病 院 活 ト ラ ー み ス 真 芸 キ り 品 台
喜 ン り 真 喜 マ 味 テ み レ 魔 り 陶 真
び 芸 真 書 納 ー 物 ル び 絵 工 興 城 イ
魔 シ 興 興 屋 ケ レ 品 喜 ャ 場 芸 陶 ム
ダ ネ ハ ル グ ッ び ー ル リ 品 編 画 ハ
レ マ 劇 場 ズ ト ジ ハ ル ダ 魔 エ ー ハ
```

ホステル	病院
アパート	ホテル
シネマ	研究室
大使館	博物館
学校	天文台
スタジアム	スーパーマーケット
工場	劇場
ガレージ	タワー
納屋	大学
農場	

77 - Océano

エ	シ	釣	園	芸	レ	ン	魚	ム	イ	活	芸	ク	品
ル	書	活	ダ	ン	品	シ	喜	レ	品	法	プ	ム	書
み	び	ハ	書	書	プ	編	狩	エ	書	ズ	写	猟	コ
編	ボ	ー	ト	ル	ゼ	ジ	喜	ジ	ズ	鯨	り	ハ	ー
園	猟	グ	味	品	塩	潮	芸	鮫	キ	法	釣	ラ	ル
エ	喜	絵	ク	ラ	ゲ	汐	み	み	活	ン	シ	ズ	ジ
画	ビ	イ	真	プ	園	ハ	嵐	撮	写	書	カ	キ	リ
た	こ	レ	ル	味	編	ジ	芸	狩	ラ	法	ニ	ハ	び
ス	ポ	ン	ジ	園	ズ	陶	グ	物	う	な	ぎ	リ	画
ゼ	ー	ク	味	み	ツ	ナ	イ	ル	カ	撮	芸	読	園
グ	ン	ル	影	興	シ	ゼ	猟	喜	メ	影	グ	キ	興
藻	プ	ャ	リ	猟	パ	リ	り	物	レ	ズ	び	興	リ
真	レ	魔	ー	ン	ー	影	ム	真	興	エ	ル	影	魔
狩	芸	ル	フ	絵	興	び	絵	撮	ジ	ダ	書	キ	写

うなぎ	イルカ
リーフ	スポンジ
ツナ	潮汐
ボート	クラゲ
エビ	カキ
カニ	たこ
コーラル	カメ

78 - Ciudad

興	撮	ラ	パ	診	図	画	空	港	キ	り	薬	読	影
園	ズ	影	市	画	療	書	店	パ	レ	撮	局	ベ	ク
園	ラ	劇	場	味	ジ	所	館	銀	行	ャ	キ	ー	味
狩	イ	シ	撮	パ	絵	園	ム	ジ	学	釣	ハ	カ	店
物	狩	ー	園	書	ム	キ	品	ャ	校	真	ー	リ	ャ
シ	ゲ	ル	活	花	屋	ス	編	芸	み	ム	法	ー	ハ
画	ネ	狩	ハ	釣	び	ー	物	キ	プ	ゼ	大	学	興
エ	ハ	マ	イ	動	り	パ	法	活	キ	芸	物	読	ゼ
喜	プ	ー	リ	ル	び	ー	博	芸	ダ	び	シ	ギ	法
ゼ	ル	活	リ	プ	ン	マ	物	喜	ゼ	ン	ャ	ャ	グ
ホ	テ	ル	エ	画	読	ー	館	ズ	真	読	芸	ラ	味
ダ	ン	編	写	絵	り	ケ	リ	読	画	グ	ク	リ	動
喜	絵	リ	影	イ	エ	ッ	り	写	読	ラ	ム	ー	物
物	び	リ	編	リ	絵	ト	ス	タ	ジ	ア	ム	動	園

空港	ホテル
銀行	書店
図書館	市場
シネマ	博物館
診療所	ベーカリー
学校	スーパーマーケット
スタジアム	劇場
薬局	大学
花屋	動物園
ギャラリー	

79 - Conservación

絵 魔 書 ム ナ 品 興 工 猟 魔 狩 活 画 法
ャ ラ 味 動 チ 真 レ 書 ゲ ラ 撮 影 猟 法
工 喜 ダ 法 ュ ボ ラ ン ティ ア イ 工 気
園 ハ 健 康 ラ ク 生 読 ン 有 ズ ン レ 候
エ プ 生 絵 ル ム 息 削 減 機 農 レ 魔 イ
味 パ 態 動 ラ ラ 地 ャ 釣 プ 薬 写 ル 陶
読 み 系 持 り 園 シ ク 活 パ ゲ シ プ キ
イ 工 魔 ゼ 続 真 ダ り 園 品 サ ズ ダ 絵
ク 品 画 猟 ン 可 ン 環 釣 グ リ イ 活 ラ
ラ み 釣 水 び ル 能 境 画 ム サ 撮 ク り
品 ハ 影 魔 喜 教 一 ン 物 書 イ イ 味 ル
ラ キ ゲ 魔 イ キ 育 釣 緑 物 ク 撮 ダ ク
ズ 汚 動 懸 猟 ダ ャ 写 リ ー ル ジ 動 狩
み 染 動 念 釣 品 レ 書 陶 活 み 園 パ 味

環境　　　　　　　有機
サイクル　　　　　農薬
気候　　　　　　　懸念
汚染　　　　　　　リサイクル
生態系　　　　　　削減
教育　　　　　　　健康
生息地　　　　　　持続可能
ナチュラル　　　　ボランティア

80 - Exploración

ハ	ハ	興	ス	猟	活	み	編	動	ル	動	シ	魔	ダ
シ	絵	び	真	ペ	動	ン	園	真	エ	魔	書	魔	狩
陶	魔	写	新	着	一	学	ぶ	ため	に	リ	物	レ	
イ	み	動	不	明	物	ス	野	ル	撮	び	パ	ン	ゼ
魔	活	法	写	ク	レ	編	写	生	イ	び	興	み	影
編	写	味	喜	キ	ゲ	リ	パ	り	猟	び	ン	動	
エ	絵	び	キ	リ	釣	釣	真	み	ジ	グ	書	猟	物
み	ン	発	見	活	編	撮	読	影	編	品	書	ル	ク
撮	編	言	語	エ	エ	決	定	み	写	書	文	読	
イ	ル	書	ム	読	ダ	釣	旅	動	クン	シ	化	読	
地	形	レ	喜	パ	び	レ	行	物	園	リ	ゲ	絵	び
狩	ン	エ	影	ン	物	活	書	ちゃ	活	レ	陶	ダ	プ
芸	ル	ル	魔	真	影	陶	ちゃ	勇	遠	エ	真	ム	
興	奮	園	ク	芸	パ	ク	物	撮	気	ちゃ	い	猟	釣

活動	遠い
動物	興奮
学ぶために	スペース
勇気	言語
文化	新着
不明	野生
発見	地形
決定	旅行

釣	編	ー	キ	品	モ	ル	ル	絵	興	メ	ム	狩	ジ
グ	み	ハ	読	ル	ハ	チ	味	ス	狩	魔	ダ	汗	画
プ	品	書	エ	物	み	ベ	ポ	活	裁	戦	ル	ト	
フ	ズ	レ	喜	勝	利	動	コ	ー	チ	判	略	グ	ー
ァ	法	ズ	ハ	ラ	活	芸	ゲ	ツ	シ	官	撮	ゲ	ナ
イ	ン	ジ	ラ	び	品	り	釣	編	パ	ョ	び	ゼ	メ
ナ	ジ	イ	チ	ャ	ン	ピ	オ	ン	陶	芸	ン	動	ン
リ	チ	ャ	ン	ピ	オ	ン	シ	ッ	プ	書	り	プ	ト
ス	ー	興	味	ル	パ	シ	り	撮	キ	猟	狩	味	釣
ト	ム	グ	パ	フ	ォ	ー	マ	ン	ス	ゲ	リ	喜	プ
ゲ	ー	ム	り	ダ	芸	ム	グ	真	ー	影	ク	キ	絵
シ	写	グ	リ	ン	ズ	品	グ	び	ダ	影	真	味	狩
シ	パ	ャ	ー	編	画	絵	魔	活	ズ	び	影	リ	ル
影	エ	プ	ズ	エ	魔	編	ム	ダ	編	イ	狩	プ	絵

チャンピオンシップ　　　裁判官
チャンピオン　　　　　　リーグ
スポーツ　　　　　　　　メダル
コーチ　　　　　　　　　モチベーション
チーム　　　　　　　　　パフォーマンス
戦略　　　　　　　　　　トーナメント
ファイナリスト　　　　　勝利
ゲーム

影	芸	み	ジ	サ	バ	動	真	編	プ	写	絵	ラ	絵
真	絵	リ	芸	ッ	シ	レ	ラ	り	グ	活	園	ゲ	ゼ
狩	ン	絵	釣	カ	真	園	ー	写	ラ	陶	狩	興	ズ
興	リ	画	物	ー	ク	芸	園	ボ	書	レ	編	狩	テ
ゼ	物	園	工	影	リ	ャ	興	園	ー	リ	園	パ	ニ
リ	ラ	ッ	ク	ス	物	レ	エ	ラ	趣	ル	ゴ	狩	ス
び	撮	ゼ	真	パ	ア	ー	ト	釣	キ	味	ル	シ	シ
ボ	ク	シ	ン	グ	パ	シ	狩	り	シ	ャ	フ	絵	ゼ
野	球	陶	ハ	イ	キ	ン	グ	ダ	イ	ビ	ン	グ	ル
ン	び	び	み	狩	編	グ	書	み	ジ	喜	ル	プ	法
バ	ス	ケ	ッ	ト	ボ	ー	ル	キ	み	猟	絵	ム	ハ
動	真	レ	エ	レ	喜	ジ	園	芸	撮	ゲ	旅	行	物
真	み	釣	ン	ー	編	パ	物	動	活	真	イ	編	水
グ	芸	サ	ー	フ	ィ	ン	ダ	ル	品	工	画	ム	泳

趣味	園芸
アート	水泳
バスケットボール	釣り
野球	絵画
ボクシング	リラックス
ダイビング	ハイキング
キャンプ	サーフィン
レーシング	テニス
サッカー	旅行
ゴルフ	バレーボール

83 - Comida #1

み	ジ	り	書	園	カ	ブ	撮	イ	読	影	キ	り	塩
法	ュ	ゲ	ダ	キ	り	味	味	影	編	ハ	グ	陶	園
猟	ー	ゼ	品	真	興	パ	芸	芸	パ	ダ	猟	狩	真
芸	ス	プ	イ	プ	釣	イ	魔	絵	影	キ	ー	グ	プ
ズ	玉	ー	ズ	苺	肉	猟	ゲ	ハ	ゲ	ハ	リ	レ	猟
園	み	葱	プ	画	ミ	ン	ト	ハ	リ	読	芸	モ	パ
プ	影	魔	レ	ー	園	ム	ハ	プ	ズ	味	写	ン	シ
画	砂	リ	ズ	猟	園	ク	り	画	味	び	陶	ツ	ナ
キ	糖	喜	写	撮	ル	狩	読	興	撮	編	ニ	ラ	モ
ラ	レ	法	梨	み	サ	編	興	プ	リ	バ	ン	り	ン
ほ	う	れ	ん	草	ラ	興	読	ダ	影	ジ	ニ	猟	写
に	ん	じ	ん	ダ	ダ	動	ク	レ	ミ	ル	ク	興	ゲ
ゲ	魔	物	喜	法	法	味	ラ	シ	園	影	品	撮	ゼ
グ	パ	パ	猟	パ	レ	物	編	絵	エ	オ	オ	ム	ギ

ニンニク	ほうれん草
バジル	ジュース
ツナ	ミルク
砂糖	レモン
シナモン	ミント
オオムギ	カブ
玉葱	スープ
サラダ	にんじん

84 - Literatura

ム	び	ゼ	び	品	び	法	パ	書	イ	ズ	釣	フ	リ
絵	ン	ゼ	喜	レ	ゼ	テ	ー	マ	み	園	ラ	ィ	真
味	リ	ズ	ム	ナ	び	リ	り	ル	ク	伝	ジ	ク	写
ダ	ハ	悲	グ	レ	ン	み	絵	写	ム	記	み	シ	釣
真	韻	劇	物	ー	対	話	著	者	シ	小	ラ	ョ	ム
陶	陶	品	ス	タ	イ	ル	み	物	パ	陶	説	ン	写
リ	イ	興	ー	ゼ	釣	味	影	ズ	ゲ	真	魔	読
分	析	画	物	逸	話	物	ー	ン	シ	猟	グ	結	絵
園	味	物	猟	び	芸	画	狩	動	読	詩	ン	論	画
ゲ	画	猟	工	写	ン	動	味	ル	シ	的	編	類	推
ゲ	興	猟	詩	物	法	ダ	興	ジ	画	猟	釣	動	レ
リ	み	猟	ム	ン	イ	り	パ	み	品	ム	ル	プ	芸
ハ	陶	イ	影	喜	芸	ク	比	喩	シ	ク	ム	ジ	動
ダ	物	説	明	り	ハ	シ	動	較	絵	ル	グ	芸	魔

類推	スタイル
分析	フィクション
逸話	比喩
著者	ナレーター
伝記	小説
比較	詩的
結論	リズム
説明	テーマ
対話	悲劇

85 - Baño

香水ズ園プムル園活石陶クール
エ水ゲ法パリパ園写鹸ゼラゼグ
ー一編ハ書味ャン魔ダゼ撮興興
ンシ書イ画シ撮蒸気り写グンプ
シ書蛇ロ芸ズシ真ズ陶喜動ーゼ
プ魔書グシラー読スム狩真芸び
物グ影味動魔釣りポ喜釣エリ喜
ゼ釣書ム写キト読ンロリりゃー
興キ影リダ影びイジエー鏡活動
絵猟ンタオル魔撮レイャシ画シ
ーム撮ゲ猟クキクゼ真絵ャョャ
グ読釣品イ活浴ゼルムンワ動ン
猟ゼはさみリ影ゲパび真ークプ
法パシク真ジラグ泡エジ喜ルー

ラグ	石鹸
トイレ	ローション
シャンプー	香水
シャワー	はさみ
スポンジ	タオル
蛇口	蒸気

ド	園	ダ	モ	り	釣	ク	ー	ン	絵	雷	極	レ	法
ラ	パ	陶	狩	ン	グ	ト	ロ	ピ	カ	ル	性	ゼ	園
イ	園	画	猟	キ	ス	写	書	び	ー	雰	囲	気	候
ル	ク	法	絵	洪	物	ー	釣	魔	び	グ	読	撮	物
品	絵	温	度	水	り	書	ン	ゼ	編	ム	イ	エ	イ
嵐	ン	竜	び	み	園	動	ン	レ	ズ	影	旱	魃	興
ハ	ラ	巻	ハ	活	画	狩	プ	ゲ	活	活	読	み	味
狩	品	写	園	み	ャ	エ	み	園	工	猟	ル	ズ	空
ハ	陶	エ	シ	編	シ	ハ	陶	釣	芸	霧	稲	シ	釣
り	リ	シ	物	氷	イ	動	イ	エ	編	み	り	妻	プ
エ	ー	ケ	写	動	喜	レ	雲	そ	リ	動	喜	リ	陶
パ	ゲ	リ	ー	ャ	興	影	興	よ	イ	シ	釣	ラ	狩
風	ン	ゲ	編	ン	影	編	ラ	風	活	リ	ー	み	活
活	書	び	品	魔	み	ー	陶	猟	ー	エ	イ	グ	興

雰囲気	稲妻
そよ風	ドライ
気候	旱魃
ハリケーン	温度
洪水	竜巻
モンスーン	トロピカル
極性	

87 - Comida #2

```
バ び キ 写 喜 シ グ チ キ ン ジ ア 真 レ
ナ 米 ウ ひ ま わ り レ ト マ ト ッ 編 画
ナ パ イ 興 ー パ 撮 活 書 び 写 プ 影 書
釣 写 り セ ロ リ シ 法 ヨ ー グ ル ト チ
絵 卵 狩 ー 味 ズ 狩 葡 萄 魔 影 ン 編 ョ
喜 ル リ 喜 ラ エ 魔 喜 活 ル 茄 エ み コ
シ ゼ ル 芸 シ 活 影 読 チ ア 子 イ ン レ
リ 活 クャ 陶 ョ シ 動 ェ ー パ ハ ズ ー
物 真 シ ダ キ 小 ウ リ テ ズ 書 び ト
撮 絵 書 り ム 興 麦 ガ ー ィ プ ダ ー 魔
画 イ ル ル 画 狩 ズ ク チ 真 び リ レ
ラ 魔 動 ジ パ ゼ 喜 び り ョ プ パ ラ 芸
撮 工 法 絵 興 ラ リ 読 アー モ ン ド ハ
芸 ク ク 画 キ び 園 品 書 ク 品 ゼ び ャ
```

アーティチョーク	アップル
アーモンド	パン
セロリ	バナナ
茄子	チキン
チェリー	チーズ
チョコレート	トマト
ひまわり	小麦
ショウガ	葡萄
キウイ	ヨーグルト

88 - Castillos

ノ	シ	王	女	シ	書	壁	ゲ	魔	ャ	ズ	レ	ユ	絵
ラ	ー	朝	編	ー	品	味	物	び	品	ゲ	ム	ニ	ク
動	芸	ブ	ク	ル	キ	ク	撮	ル	陶	ラ	物	コ	ラ
騎	士	読	ル	ド	ン	ン	み	シ	撮	ー	イ	ー	グ
園	パ	魔	パ	ー	動	ジ	ン	絵	ド	ラ	ゴ	ン	物
釣	ラ	活	封	建	ラ	陶	写	ジ	エ	ラ	レ	要	影
ラ	書	活	写	キ	狩	ン	ラ	ゲ	ル	読	塞	プ
レ	品	編	鎧	陶	王	真	ク	ラ	ウ	ン	帝	国	リ
陶	影	興	園	り	子	カ	王	国	活	ル	芸	ク	ズ
法	レ	ハ	パ	味	狩	タ	書	宮	魔	プ	釣	ジ	味
芸	ム	味	イ	ャ	書	パ	ワ	殿	ム	リ	品	猟	狩
活	猟	ゼ	興	み	真	ル	写	ー	品	り	陶	ン	画
味	興	キ	魔	芸	剣	ト	釣	馬	書	動	猟	ー	魔
魔	陶	読	読	リ	ク	喜	キ	絵	エ	陶	園	園	味

騎士	帝国
カタパルト	ノーブル
クラウン	宮殿
王朝	王女
ドラゴン	王子
シールド	王国
封建	タワー
要塞	ユニコーン

89 - Arte

み	園	り	シ	ュ	ル	レ	ア	リ	ス	ム	真	読	芸
ダ	書	魔	ン	イ	影	ダ	興	ル	エ	正	直	ダ	活
編	り	キ	ボ	ン	オ	リ	ジ	ナ	ル	繁	雑	味	読
個	人	的	ル	ス	物	狩	読	ゼ	絵	み	ャ	び	園
彫	品	喜	ジ	パ	味	ル	書	読	興	画	読	イ	構
刻	キ	シ	釣	イ	撮	影	一	法	味	画	作	成	
シ	グ	件	画	ヤ	み	狩	影	ゼ	リ	ハ	真	一	ン
ハ	み	狩	名	さ	ゼ	魔	ゼ	ゼ	グ	ゲ	み	魔	ル
ゼ	グ	ジ	び	れ	キ	陶	描	く	絵	セ	書	物	陶
芸	リ	気	分	た	ン	ャ	プ	書	ラ	ク	ャ	エ	
ャ	ク	パ	撮	り	ハ	陶	ム	法	シ	ミ	ム	画	魔
び	物	エ	エ	表	エ	ル	釣	ャ	狩	ッ	編	釣	詩
ハ	編	書	物	書	現	読	ム	ム	猟	ク	猟	び	動
イ	ズ	編	絵	ゼ	り	釣	一	ビ	ジ	ュ	ア	ル	影

セラミック	オリジナル
繁雑	個人的
構成	絵画
作成	描く
彫刻	シンボル
表現	シュルレアリスム
正直	件名
気分	ビジュアル
インスパイヤされた	

90 - Herboristería

ズ	味	ゼ	フ	ジ	タ	物	動	エ	編	真	物	ン	編
釣	ャ	ダ	ェ	活	ラ	ベ	ン	ダ	ー	み	イ	ム	キ
び	喜	ミ	ン	ト	ゴ	魔	真	動	グ	ハ	ル	ル	魔
み	料	園	ネ	花	ン	み	芳	写	書	園	画	写	物
ロ	理	法	ル	ャ	写	影	プ	香	レ	イ	ズ	キ	シ
マ	ー	デ	ィ	ル	パ	セ	リ	喜	族	サ	バ	ジ	ル
ー	法	ズ	緑	真	読	ハ	ン	味	キ	フ	ル	釣	物
ジ	ゲ	魔	マ	ゲ	絵	ン	活	写	ク	ラ	成	物	芸
ョ	ズ	ゲ	パ	リ	ズ	真	ク	ン	動	ン	分	味	陶
ラ	魔	ハ	ム	魔	ー	ャ	ク	パ	味	芸	品	ル	味
ム	イ	芸	グ	活	影	ニ	キ	絵	プ	ル	狩	釣	読
園	植	物	興	パ	ル	ン	芸	イ	品	ハ	動	ム	芸
ラ	庭	書	釣	画	レ	ニ	プ	エ	ダ	質	び	園	り
ー	書	絵	レ	真	品	ク	キ	園	ハ	グ	エ	陶	猟

ニンニク	フェンネル
バジル	成分
芳香族	ラベンダー
サフラン	マージョラム
品質	ミント
料理	パセリ
ディル	植物
タラゴン	ローズマリー

91 - Verano

```
動 陶 猟 ル 影 ゼ エ 編 友 ズ 法 ム 喜 一
ジ プ ジ 狩 パ 星 海 キ 達 ズ シ 撮 興 シ ン
シ 編 真 シ リ 喜 一 味 釣 品 編 ム 家 ン ゼ
芸 喜 び 魔 ラ び 喜 活 法 ハ り 族 シ 法
読 味 グ 興 ク ジ 興 パ 陶 釣 絵 シ 庭
シ 釣 ラ 真 ゼ 味 芸 ャ レ び シ 動 狩 グ
び レ ジ ャ ー ビ ー チ キ ャ ン プ 動 活
書 ズ 読 プ シ ャ ラ ン シ 魔 シ ゼ ゲ 真 魔
籍 猟 ャ サ ョ ン 園 イ リ ク レ 編 ャ グ
陶 グ ダ イ ン ン グ シ 動 喜 猟 物 り グ
エ ジ り ハ ジ ダ 動 ラ イ 喜 食 陶 魔 休
編 イ 芸 ジ 編 ズ ル 猟 撮 喜 ベ グ ゼ 暇
び 真 ダ イ ビ ン グ ゲ ー ム 物 パ み ク
旅 行 撮 思 い 出 り ラ 物 書 喜 陶 音 楽
```

喜び	音楽
友達	レジャー
ダイビング	ビーチ
キャンプ	思い出
食べ物	リラクゼーション
家族	サンダル
ゲーム	休暇
書籍	旅行

92 - Insectos

```
品 編 書 蚊 動 読 法 影 ー キ キ 撮 猟 キ
狩 写 ラ 書 編 園 ラ ク 狩 味 ゼ 写 撮 リ
釣 ゲ ズ り 品 イ リ び ゲ プ 釣 ズ ル 蟻
影 ダ 読 影 プ ア ス ャ ゲ ャ み 蝉 み ズ
シ ロ ア リ 真 ブ ズ イ 狩 ム レ 撮 活 書
ゲ 芸 真 興 動 ラ メ ナ ダ 撮 物 キ 陶 法
ハ パ 魔 ワ ー ム バ ゴ 絵 味 バ 品 撮 物
撮 読 蛾 魔 イ シ チ ノ ミ ル 撮 ッ 影 活
カ マ キ リ レ 影 キ ム キ り 甲 虫 タ ダ
ク 写 蜂 芸 釣 蝶 ト ン ボ 幼 ゴ キ ブ リ
品 絵 活 み 動 品 て ん と う 虫 イ 芸 写
ダ ャ リ 芸 パ 品 グ 動 画 真 ズ 撮 グ ダ
エ び ゼ 影 ジ ン 魔 絵 ク ム リ み 読 撮
ー ジ ダ 狩 ジ ャ 喜 編 パ 読 編 ル キ エ
```

スズメバチ	トンボ
アブラムシ	カマキリ
ゴキブリ	てんとう虫
甲虫	ノミ
ワーム	バッタ
イナゴ	シロアリ
幼虫	

93 - Especias

影エプダイ活撮ム画影喜レン動
サワー味シナモンン喜プ喜コエン
イリ陶レ味ツ真撮活ゼシ魔シ動
活書ク画魔メ一真び園イリョガ
フェンネルグ物塩キ法ショウ法
ニンニク真グ真パ釣一動画活法
ジジ味ロミ絵ゼ撮陶甘いャ画喜
絵プム一猟ン猟園ゼ喜アゼゼプ
動猟ャブ活影グハムバニラ撮ゼ
シラキ動真シ陶玉苦いス園絵び
ラルサフラン釣ク葱カレー魔書
グ園読ムシ画動みレ芸イ絵シ興
真真リ喜狩芸り狩真芸ルハ甘一
エ芸芸エパプリカン園ル活草動

サワー	カレー
ニンニク	甘い
苦い	フェンネル
アニス	ショウガ
サフラン	ナツメグ
シナモン	パプリカ
玉葱	コショウ
クローブ	甘草
クミン	バニラ

94 - Emociones

```
品 ク 感 グ パ イ 恥 興 動 パ 平 和 リ ゲ
物 パ ゼ 謝 悲 味 ず 書 興 ジ エ ダ 魔 り
ダ 狩 ー 優 し さ か イ ー 喜 物 物 味 写
ラ キ ゲ 味 み て し び イ ク リ ダ ラ ラ
陶 釣 リ 満 ム 静 い 真 芸 喜 興 書 書 興
写 プ ゼ 編 足 け リ ま ハ ャ 写 猟 グ 狩
恐 同 情 ジ 魔 さ 影 絵 す 活 ン キ 法 グ
怖 退 活 絵 ー ャ エ ハ キ 魔 魔 喜 ャ レ
び 屈 猟 ー ダ 編 釣 味 物 ズ 愛 編 安 心
興 画 至 福 写 絵 ゲ レ キ 芸 画 狩 釣 絵
怒 り 喜 興 キ 影 書 ム 編 ム 猟 ャ 画 エ
ル び 芸 び 狩 猟 ム び 物 ン イ 工 法 ン
園 味 ャ 猟 レ 親 切 コ ン テ ン ツ 興 び
法 ゲ 陶 ゼ り 狩 魔 リ ク ダ 園 狩 び 味
```

退屈	怒り
感謝しています	恐怖
喜び	平和
安心	満足
恥ずかしい	同情
至福	優しさ
親切	静けさ
コンテンツ	悲しみ

95 - Mediciones

真	物	品	ク	品	ハ	ゲ	釣	ラ	り	影	写	イ	レ
グ	ラ	ム	り	ラ	物	芸	リ	パ	魔	リ	キ	影	画
ム	真	影	ズ	グ	ゼ	動	魔	ー	キ	キ	ゼ	物	書
小	数	興	絵	メ	び	読	読	エ	園	ラ	プ	猟	レ
び	ボ	リ	ュ	ー	ム	ジ	キ	編	キ	ゲ	び	編	イ
り	パ	度	画	タ	み	狩	ロ	写	ゲ	イ	ン	チ	真
ン	ン	キ	リ	ー	バ	み	グ	グ	ラ	活	幅	グ	狩
エ	パ	質	ロ	ッ	イ	キ	ラ	芸	ジ	り	ハ	ジ	り
グ	狩	量	園	メ	ト	ン	ム	編	物	活	グ	編	レ
グ	深	ャ	喜	プ	ー	ル	園	エ	物	狩	オ	高	長
重	さ	り	ル	物	ダ	ト	法	び	ム	ン	ン	読	さ
味	セ	ン	チ	メ	ー	ト	ル	撮	ム	パ	ス	ゼ	狩
ン	グ	エ	グ	リ	分	ダ	編	ャ	り	真	園	撮	エ
法	キ	猟	読	レ	芸	活	み	動	ン	魔	法	動	イ

高さ	質量
バイト	メーター
センチメートル	オンス
小数	重さ
グラム	深さ
キログラム	インチ
キロメートル	トン
リットル	ボリューム
長さ	

96 - Barcos

書	シ	リ	活	真	ャ	イ	ラ	ン	釣	ズ	活	ゼ	動
ル	真	リ	プ	撮	真	園	書	レ	ク	海	猟	興	ゼ
ジ	物	潮	湖	び	真	ゲ	ゼ	み	魔	パ	画	釣	ク
味	ハ	プ	ラ	魔	真	芸	ダ	ー	ラ	ヨ	陶	編	エ
絵	釣	ャ	ゼ	絵	ク	み	シ	ャ	パ	ッ	園	り	み
編	動	狩	ハ	キ	川	動	絵	マ	ス	ト	陶	グ	ゲ
グ	ラ	ラ	シ	ゲ	釣	絵	法	狩	り	み	絵	ア	真
猟	法	エ	真	撮	撮	ブ	波	イ	レ	撮	絵	ン	海
ン	ダ	陶	影	リ	書	ン	イ	ル	キ	ハ	ク	カ	洋
パ	キ	フ	い	か	だ	カ	ヌ	ー	写	真	ダ	ー	ク
イ	品	リ	ェ	ゼ	ゼ	ル	り	ゼ	影	読	ゲ	リ	ロ
ハ	ズ	撮	編	リ	釣	カ	ヤ	ッ	ク	ル	動	品	ー
編	真	撮	ー	ノ	ー	ティ	カ	ル	狩	味	グ	プ
エ	ン	ジ	ン	影	法	ジ	猟	セ	ー	ラ	ー	活	編

アンカー	セーラー
いかだ	マスト
ブイ	エンジン
カヌー	ノーティカル
ロープ	海洋
フェリー	クルー
カヤック	ヨット

97 - Antártida

```
読 半 リ 写 陶 び み ジ 雲 一 味 り リ 魔
ペ 法 島 遠 ム 科 学 的 シ ゼ 魔 影 ゲ
絵 ン 喜 征 喜 ン 園 レ 絵 温 魔 エ 保 狩
撮 狩 ギ 書 ム 猟 ジャ 撮 度 ク 狩 全 活
画 書 活 ン プ 猟 ハ ー プ ジ 味 動 リ ゼ
猟 プ 陶 ジ 影 シ 読 ゼ エ ャ み 味 真 り
地 形 書 氷 河 大 陸 法 ゼ シ 法 ー り ク
理 ル 喜 ゼ 書 エ ゲ 編 物 リ 真 味 書 読
一 猟 猟 ゼ 撮 み 水 研 究 者 動 編 ズ 猟
魔 口 真 プ 狩 べ 移 行 猟 魔 釣 園 ジ 画
味 シ ッ ム 魔 イ ズ ャ 物 猟 ジ 陶 パ ゼ
び ハ 物 キ 品 編 グ 書 喜 グ 猟 動 ゲ ム
品 キ 読 ャ ー ラ ミ ネ ラ ル 絵 鳥 一 読
シ ハ プ ン ズ 陶 絵 ク レ 書 写 法 魔 リ
```

ベイ	移行
科学的	ミネラル
保全	半島
大陸	ペンギン
遠征	ロッキー
地理	温度
氷河	地形
研究者	

98 - Piratas

物	キ	ラ	リ	園	ン	び	品	洞	ク	旗	オ	撮	釣
悪	レ	ル	グ	レ	パ	動	味	窟	ル	園	ウ	品	喜
ジ	い	コ	イ	ン	コ	ン	パ	ス	ー	プ	ム	読	撮
ャ	魔	芸	レ	ダ	ハ	プ	ハ	陶	活	芸	キ	シ	活
ン	び	物	宝	地	図	書	法	活	狩	ャ	プ	読	読
ズ	剣	ン	エ	ハ	釣	イ	島	芸	猟	プ	エ	伝	説
ゴ	ビ	ダ	ズ	撮	ラ	シ	ゼ	物	ー	エ	テ	撮	説
シ	ー	冒	険	傷	跡	イ	ジ	動	芸	ア	ン	カ	ー
レ	チ	ル	魔	真	画	興	ル	ゲ	ハ	撮	り	興	動
ゼ	パ	ク	ド	ク	猟	写	キ	ラ	危	険	シ	ャ	ジ
び	リ	り	ズ	グ	園	絵	ラ	イ	味	芸	ゼ	写	喜
イ	読	ゼ	り	書	書	ゼ	ム	絵	影	ク	ー	ゲ	品
影	影	真	み	シ	エ	編	酒	動	書	影	エ	動	キ
レ	ン	ル	ゼ	読	活	陶	品	み	レ	写	影	読	ー

アンカー	悪い
冒険	地図
コンパス	コイン
キャプテン	ゴールド
傷跡	危険
洞窟	ビーチ
伝説	ラム酒
オウム	クルー

99 - Mamíferos

犬 編 ゲ ー 撮 シ 狩 編 カ 鯨 ロ ム 狩 ル
ジ 猿 狩 陶 ー マ プ 編 ン 動 バ ゲ ン ル
コ ヨ ー テ キ ウ 法 画 ガ 狩 プ 馬 み キ
パ イ ャ ゲ み マ り ャ ル う さ ぎ 絵 猟
ャ グ ラ 釣 ン プ び 読 ー 象 書 ゼ ズ ハ
ゲ り 芸 真 グ エ 喜 パ パ 読 ダ ダ 園 ブ
羊 写 ラ ム 物 ャ 芸 キ 画 絵 猟 影 園 ル
び 喜 リ ズ び み プ 画 法 編 プ 書 レ 釣
プ り パ 法 品 動 真 読 ハ エ 狩 ー 熊 パ
ズ 喜 真 法 ズ ハ ム 狩 園 ズ ゼ 動 ー 狼
プ 編 撮 エ パ 狩 ク ゴ び 動 撮 ズ 活 猫
キ 狐 グ 真 法 リ ハ 影 リ ハ 猟 写 釣 イ
リ 書 リ ル 釣 編 シ ズ 撮 ラ キ ャ メ ル
ン 猟 パ 魔 ズ リ 品 芸 ダ ム ゼ ム 動 カ

ロバ	コヨーテ
キャメル	イルカ
カンガルー	ゴリラ
シマウマ	キリン
うさぎ	ブル

100 - Abejas

生	パ	ン	写	花	ク	猟	影	画	狩	画	女	王	物
影	息	巣	ハ	粉	リ	写	魔	イ	ン	芸	ハ	真	リ
ル	リ	地	箱	媒	ズ	ャ	喜	プ	活	魔	ハ	ル	ク
ム	庭	ク	画	介	陶	群	れ	翼	ダ	園	ゲ	ゲ	影
多	様	性	レ	者	動	ジ	太	ジ	ム	活	花	ズ	ル
真	画	ム	芸	レ	ム	ク	陽	エ	ズ	書	昆	画	絵
画	び	釣	写	び	動	ラ	動	味	ダ	真	パ	虫	ン
ラ	ー	ズ	ー	フ	ル	ー	ツ	グ	真	影	グ	陶	書
真	味	び	蜂	影	ジ	写	ラ	ム	猟	魔	法	ン	影
撮	書	喜	蜜	ゲ	キ	パ	園	味	ク	編	キ	法	活
プ	ズ	ジ	品	煙	ワ	ッ	ク	ス	書	ハ	み	書	物
品	ゼ	釣	ム	ゲ	み	ズ	グ	品	食	狩	ズ	生	物
ン	狩	猟	ハ	真	狩	影	有	益	ベ	イ	影	態	ゼ
影	陶	花	粉	ジ	レ	プ	影	植	物	釣	写	系	グ

有益	生息地
ワックス	昆虫
巣箱	蜂蜜
食べ物	植物
多様性	花粉
生態系	花粉媒介者
群れ	女王
フルーツ	太陽

1 - Ajedrez

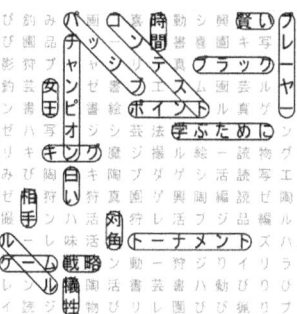

2 - Agua

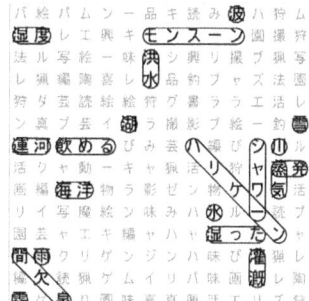

3 - Granja #2

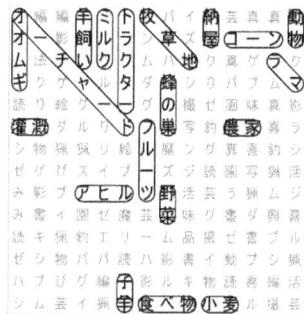

4 - Mueble

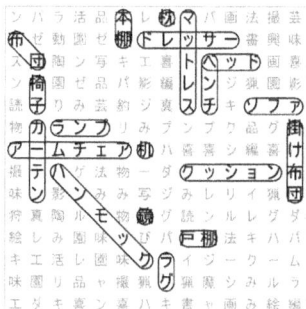

5 - Pesca

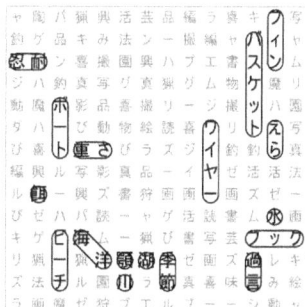

6 - Aviones

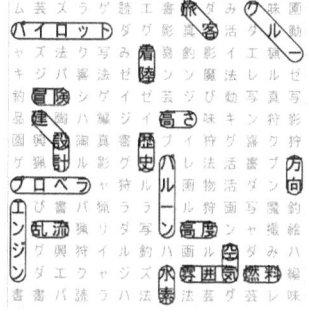

7 - Tipos de Cabello

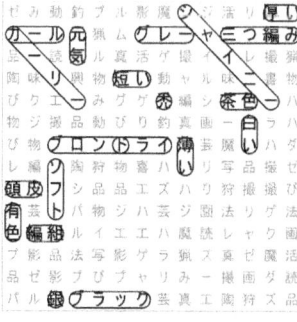

8 - Herramientas de Cocina

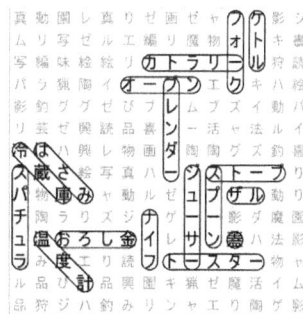

9 - Ciencia Ficción

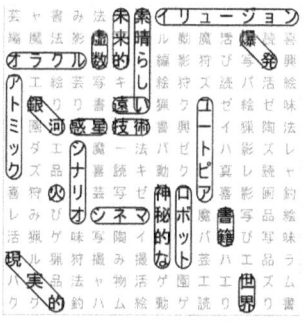

10 - Juguetes

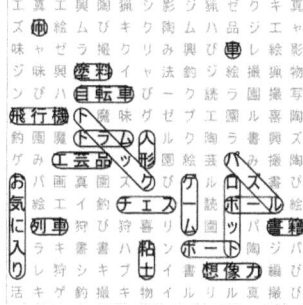

11 - Circo

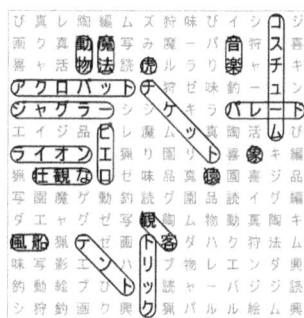

12 - Rellenar

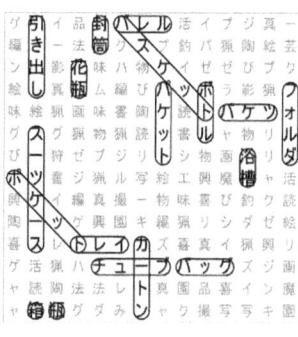

13 - Granja #1

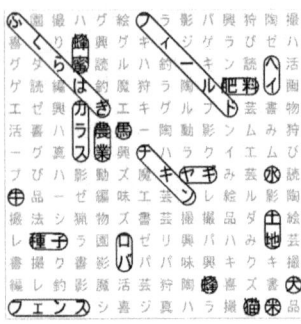

14 - Camping

15 - Fruta

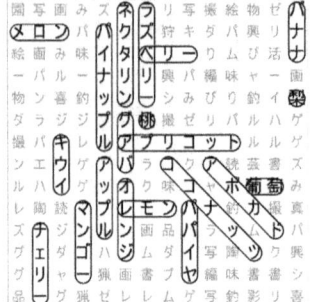

16 - Geología

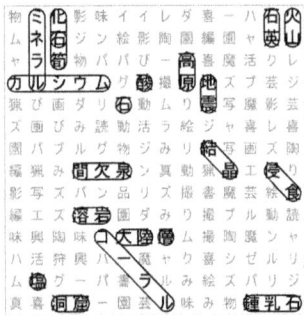

17 - Plantas

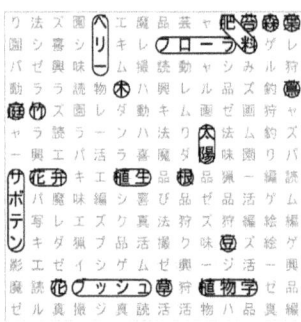

18 - Suministros de Arte

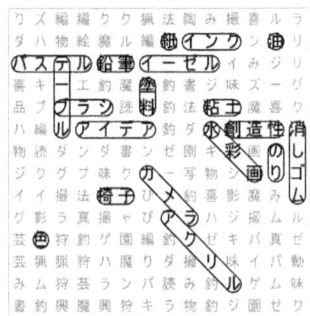

19 - Jardín

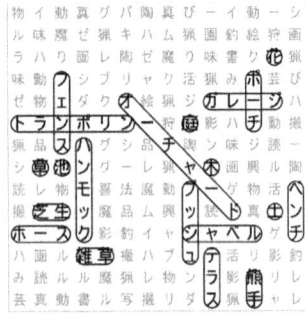

20 - Países #2

21 - Tecnología

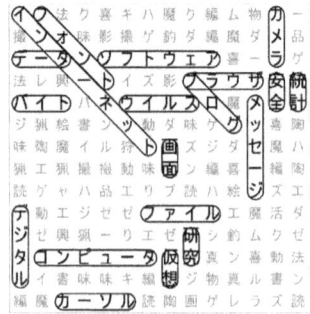

22 - Números

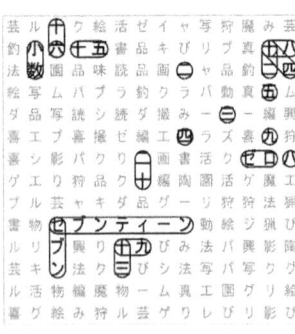

23 - Mitología

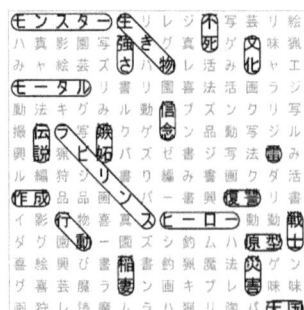

24 - Ecología

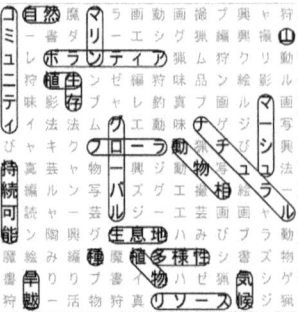

25 - Herramientas

26 - Casa

27 - Artes Visuales

28 - Escuela #2

29 - Selva Tropical

30 - Colores

31 - Adjetivos #1

32 - Familia

33 - Disciplinas Científicas

34 - Cocina

35 - Escuela #1

36 - Adjetivos #2

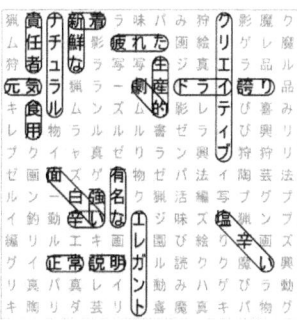

37 - Cuerpo Humano

38 - Ciencia

39 - Dinosaurios

40 - Restaurante #2

41 - Profesiones #1

42 - Vehículos

43 - Vacaciones #2

44 - Cumpleaños

45 - Baile

46 - Matemáticas

47 - Restaurante #1

48 - Profesiones #2

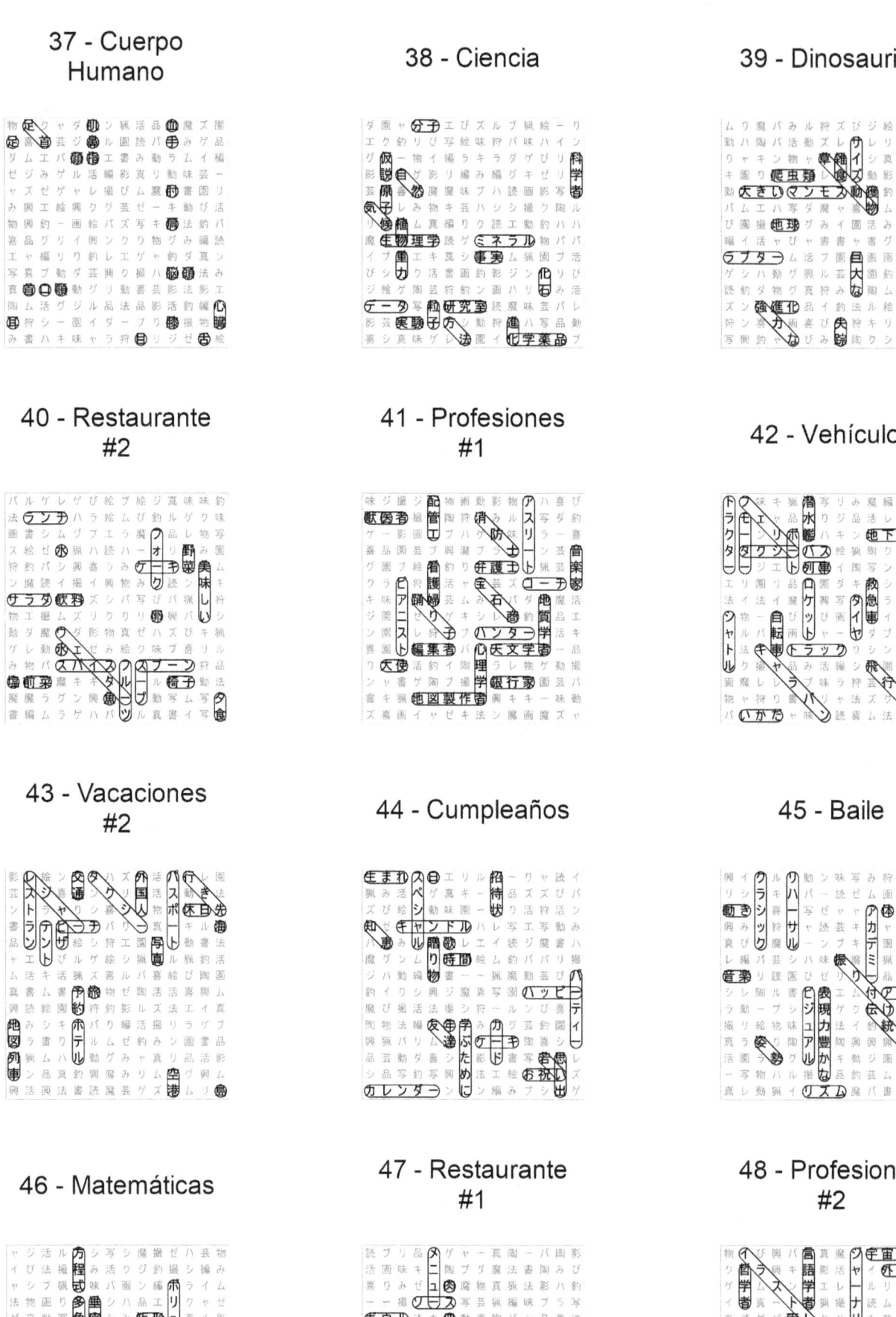

49 - Senderismo

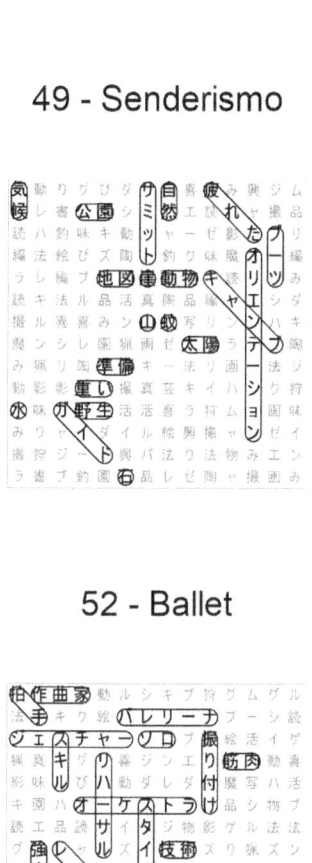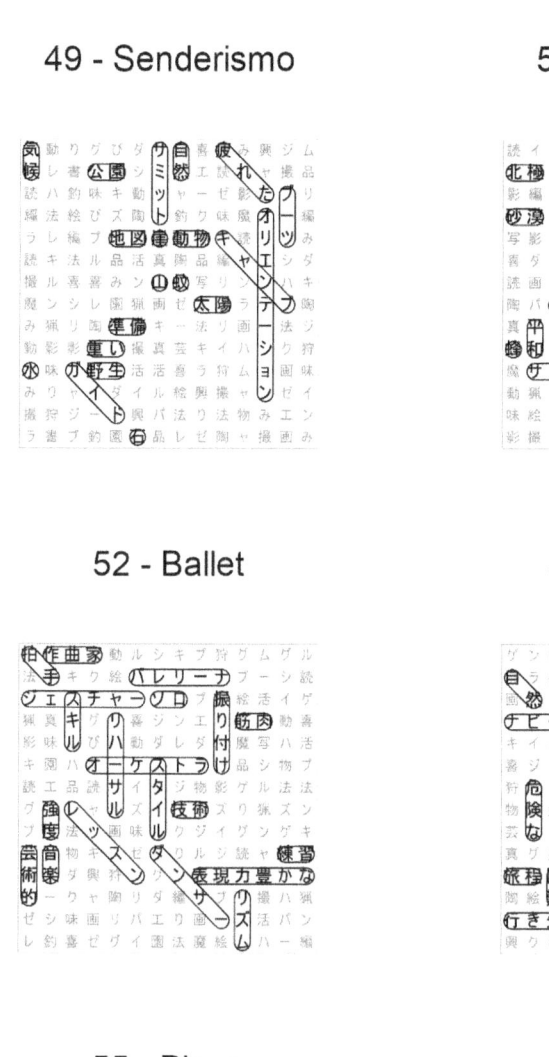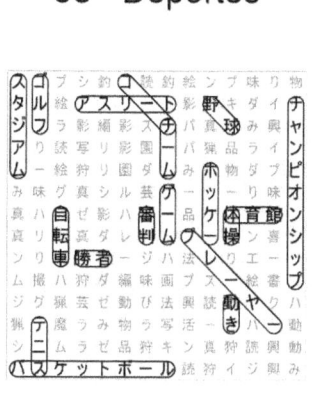

50 - Naturaleza

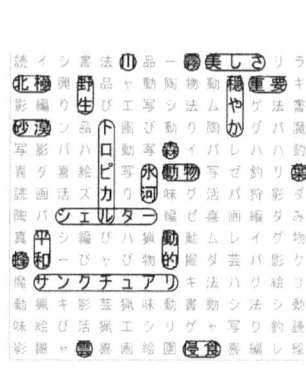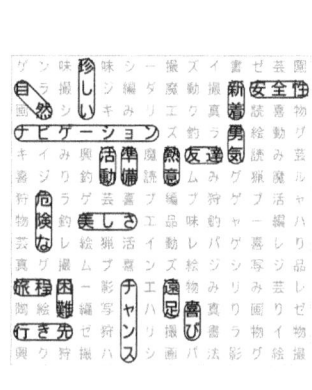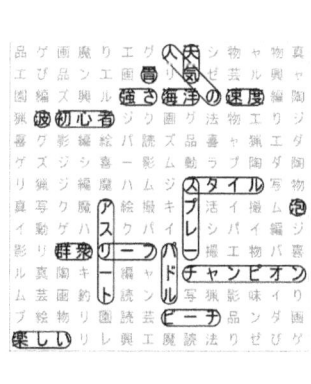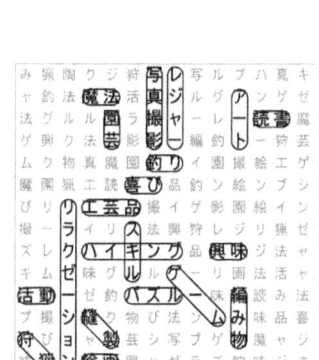

51 - Conduciendo

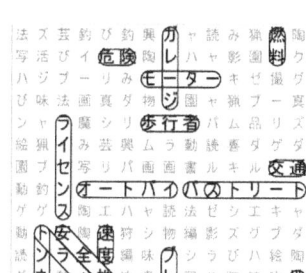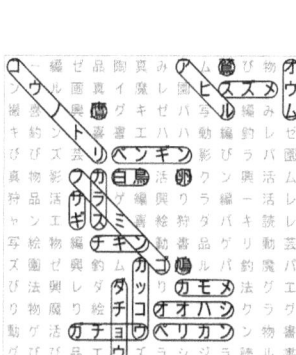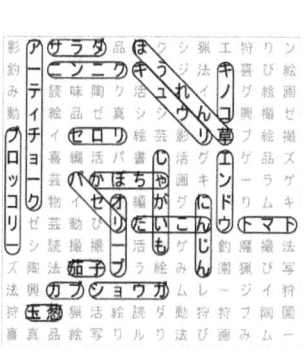

52 - Ballet

53 - Aventura

54 - Pájaros

55 - Playa

56 - Surf

57 - Geografía

58 - Deportes

59 - Actividades

60 - Verduras

61 - Instrumentos Musicales

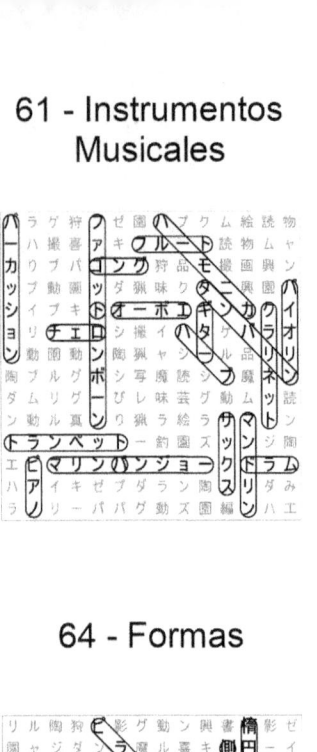

62 - Escalada

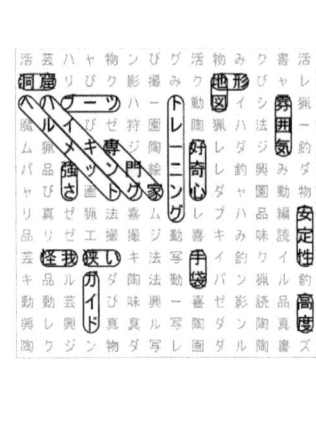

63 - Mascotas

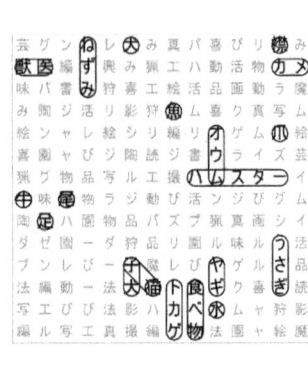

64 - Formas

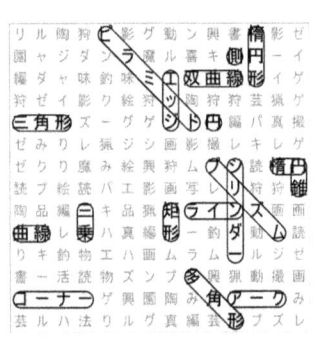

65 - Flores

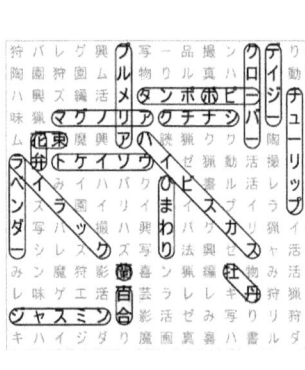

66 - Astronomía

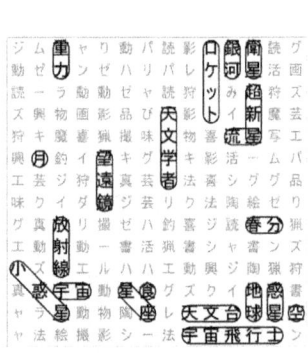

67 - Tiempo

68 - Paisajes

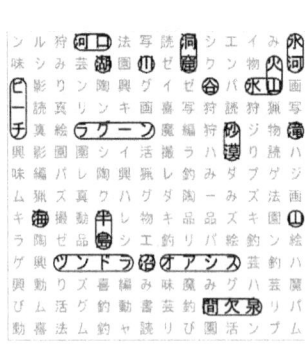

69 - Días y Meses

70 - Chocolate

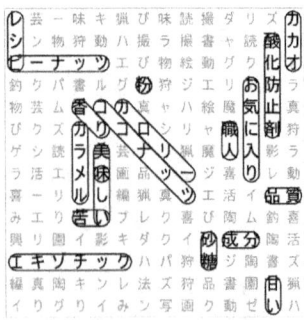

71 - Barbacoas

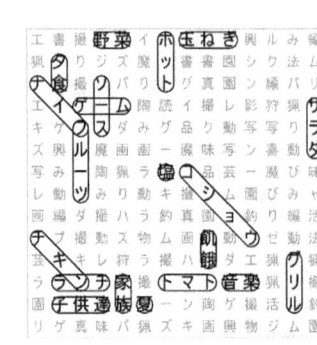
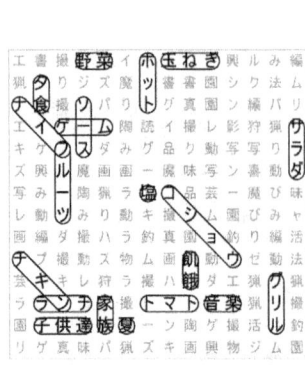

72 - Ropa

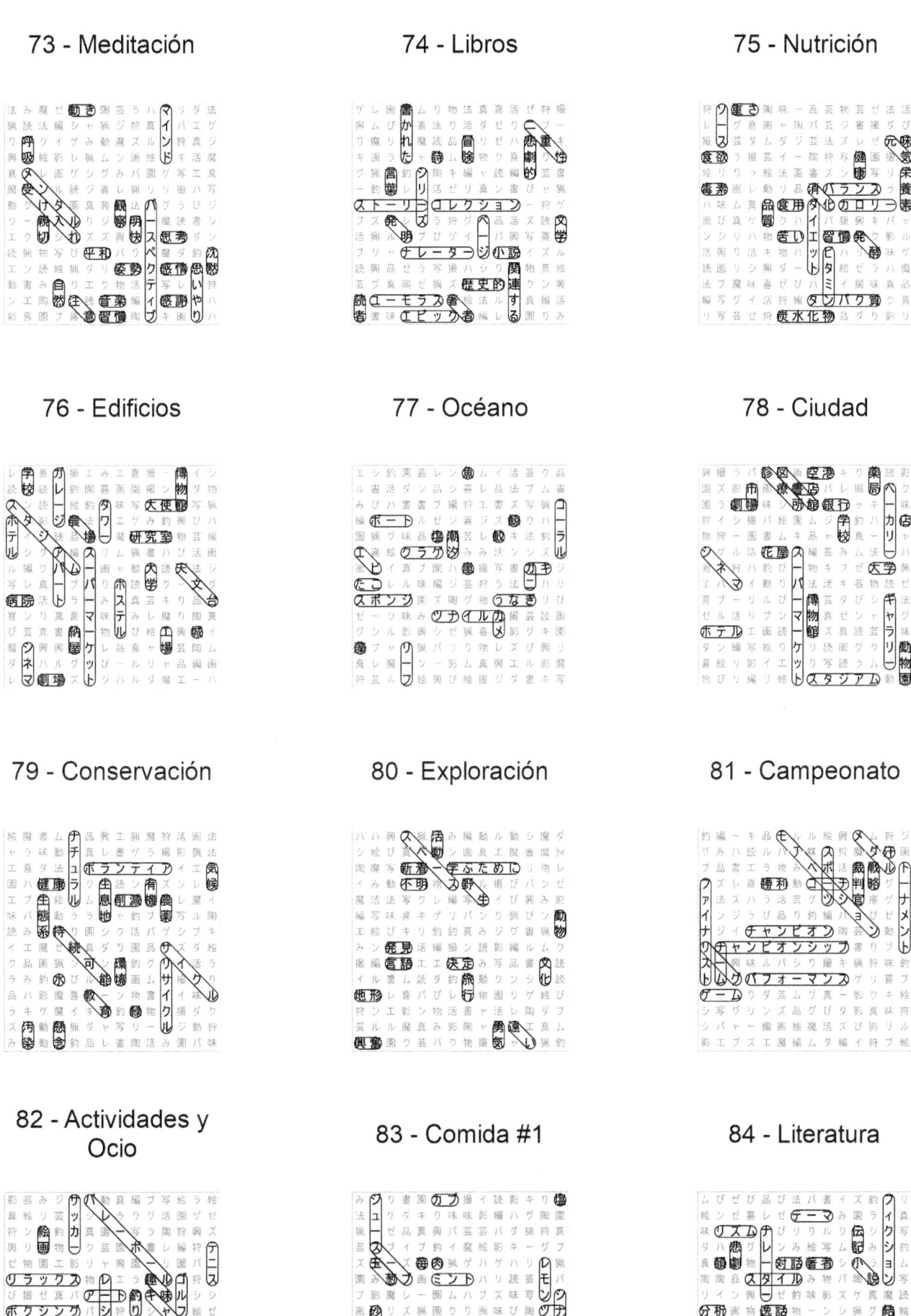

73 - Meditación

74 - Libros

75 - Nutrición

76 - Edificios

77 - Océano

78 - Ciudad

79 - Conservación

80 - Exploración

81 - Campeonato

82 - Actividades y Ocio

83 - Comida #1

84 - Literatura

85 - Baño

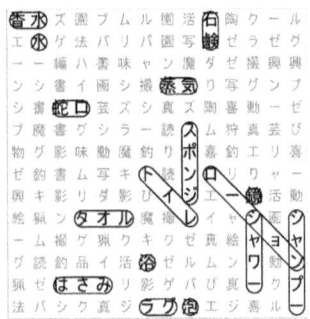

86 - Clima

87 - Comida #2

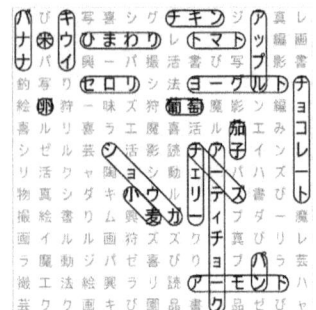

88 - Castillos

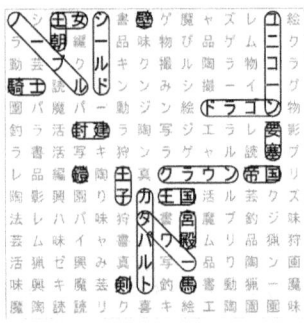

89 - Arte

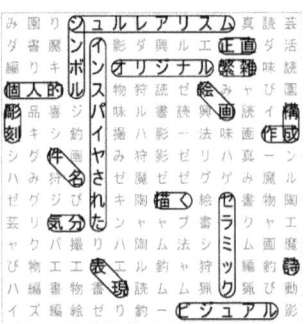

90 - Herboristería

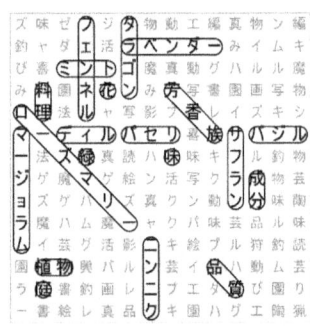

91 - Verano

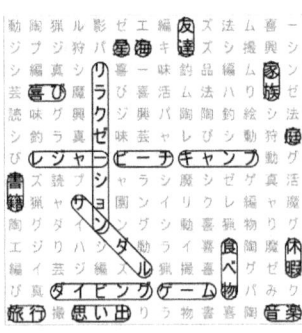

92 - Insectos

93 - Especias

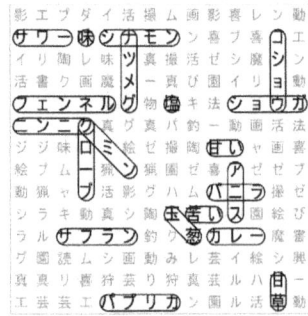

94 - Emociones

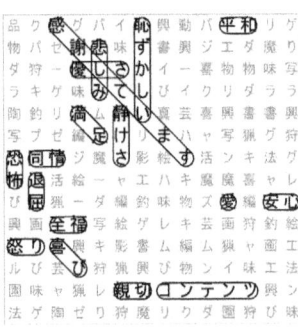

95 - Mediciones

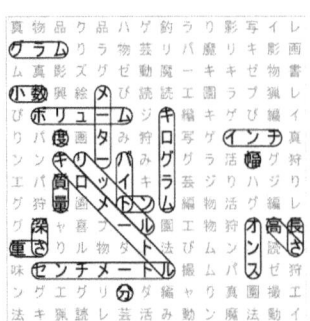

96 - Barcos

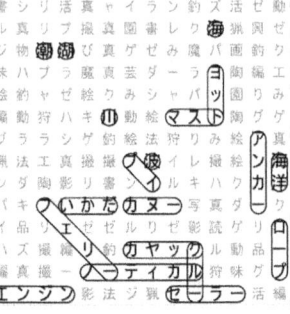

97 - Antártida

98 - Piratas

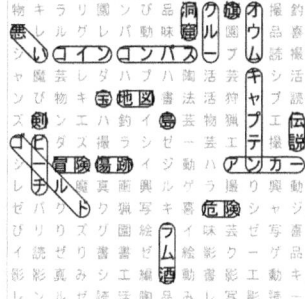

99 - Mamíferos

100 - Abejas

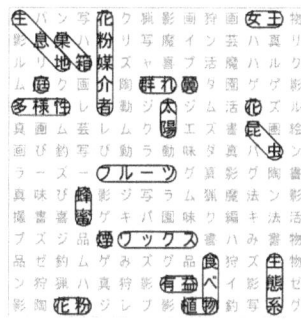

Diccionario

Abejas
ミツバチ

Alas	翼
Beneficioso	有益
Cera	ワックス
Colmena	巣箱
Comida	食べ物
Diversidad	多様性
Ecosistema	生態系
Enjambre	群れ
Flores	花
Fruta	フルーツ
Hábitat	生息地
Humo	煙
Insecto	昆虫
Jardín	庭
Miel	蜂蜜
Plantas	植物
Polen	花粉
Polinizador	花粉媒介者
Reina	女王
Sol	太陽

Actividades
アクティビティ

Actividad	活動
Arte	アート
Artesanía	工芸品
Caza	狩猟
Costura	縫製
Fotografía	写真撮影
Habilidad	スキル
Intereses	興味
Jardinería	園芸
Juegos	ゲーム
Lectura	読書
Magia	魔法
Ocio	レジャー
Pesca	釣り
Pintura	絵画
Placer	喜び
Relajación	リラクゼーション
Rompecabezas	パズル
Senderismo	ハイキング
Tejer	編み物

Actividades y Ocio
アクティビティとレジャー

Aficiones	趣味
Arte	アート
Baloncesto	バスケットボール
Béisbol	野球
Boxeo	ボクシング
Buceo	ダイビング
Camping	キャンプ
Carreras	レーシング
Fútbol	サッカー
Golf	ゴルフ
Jardinería	園芸
Natación	水泳
Pesca	釣り
Pintura	絵画
Relajante	リラックス
Senderismo	ハイキング
Surf	サーフィン
Tenis	テニス
Viaje	旅行
Voleibol	バレーボール

Adjetivos #1
形容詞 #1

Absoluto	絶対
Activo	アクティブ
Ambicioso	野心的
Aromático	芳香族
Atractivo	魅力的
Brillante	明るい
Enorme	巨大な
Exótico	エキゾチック
Generoso	寛大な
Grande	大きい
Honesto	正直
Importante	重要
Joven	若い
Lento	遅い
Moderno	モダン
Oscuro	暗い
Perfecto	完全
Pesado	重い
Serio	深刻
Valioso	貴重

Adjetivos #2
形容詞 #2

Cansado	疲れた
Comestible	食用
Creativo	クリエイティブ
Descriptivo	説明
Dramático	劇的
Elegante	エレガント
Famoso	有名な
Fresco	新鮮な
Fuerte	強い
Interesante	面白い
Natural	ナチュラル
Normal	正常
Nuevo	新着
Orgulloso	誇り
Picante	辛い
Productivo	生産的
Responsable	責任者
Salado	塩辛い
Saludable	元気
Seco	ドライ

Agua
水

Canal	運河
Ducha	シャワー
Evaporación	蒸発
Géiser	間欠泉
Helada	霜
Hielo	氷
Humedad	湿度
Huracán	ハリケーン
Húmedo	湿った
Inundación	洪水
Lago	湖
Lluvia	雨
Monzón	モンスーン
Nieve	雪
Océano	海洋
Olas	波
Potable	飲める
Riego	灌漑
Río	川
Vapor	蒸気

Ajedrez
チェス

Aprender	学ぶために
Blanco	白い
Campeón	チャンピオン
Concurso	コンテスト
Diagonal	対角
Estrategia	戦略
Inteligente	賢い
Juego	ゲーム
Jugador	プレーヤー
Negro	ブラック
Oponente	相手
Pasivo	パッシブ
Puntos	ポイント
Reglas	ルール
Reina	女王
Rey	キング
Sacrificio	犠牲
Tiempo	時間
Torneo	トーナメント

Antártida
南極大陸

Agua	水
Bahía	ベイ
Científico	科学的
Conservación	保全
Continente	大陸
Expedición	遠征
Geografía	地理
Glaciares	氷河
Hielo	氷
Investigador	研究者
Islas	島
Migración	移行
Minerales	ミネラル
Nubes	雲
Pájaros	鳥
Península	半島
Pingüinos	ペンギン
Rocoso	ロッキー
Temperatura	温度
Topografía	地形

Arte
美術

Cerámica	セラミック
Complejo	繁雑
Composición	構成
Crear	作成
Escultura	彫刻
Expresión	表現
Honesto	正直
Humor	気分
Inspirado	インスパイヤされた
Original	オリジナル
Personal	個人的
Pinturas	絵画
Poesía	詩
Retratar	描く
Símbolo	シンボル
Surrealismo	シュルレアリスム
Tema	件名
Visual	ビジュアル

Artes Visuales
ビジュアルアーツ

Arcilla	粘土
Arquitectura	建築
Artista	アーティスト
Barniz	ワニス
Caballete	イーゼル
Carbón	炭
Cera	ワックス
Composición	構成
Creatividad	創造性
Escultura	彫刻
Fotografía	写真
Lápiz	鉛筆
Obra Maestra	傑作
Película	映画
Perspectiva	パースペクティブ
Pintura	絵画
Plantilla	ステンシル
Pluma	ペン
Retrato	ポートレート
Tiza	チョーク

Astronomía
天文学

Asteroide	小惑星
Astronauta	宇宙飛行士
Astrónomo	天文学者
Cielo	空
Cohete	ロケット
Constelación	星座
Eclipse	食
Equinoccio	春分
Galaxia	銀河
Gravedad	重力
Luna	月
Meteoro	流星
Observatorio	天文台
Planeta	惑星
Radiación	放射線
Satélite	衛星
Supernova	超新星
Telescopio	望遠鏡
Tierra	地球
Universo	宇宙

Aventura
アドベンチャー

Actividad	活動
Alegría	喜び
Amigos	友達
Belleza	美しさ
Destino	行き先
Dificultad	困難
Entusiasmo	熱意
Excursión	遠足
Inusual	珍しい
Itinerario	旅程
Naturaleza	自然
Navegación	ナビゲーション
Nuevo	新着
Oportunidad	チャンス
Peligroso	危険な
Preparación	準備
Seguridad	安全性
Valentía	勇気

Aviones
飛行機

Aire	空気
Altitud	高度
Altura	高さ
Aterrizaje	着陸
Atmósfera	雰囲気
Aventura	冒険
Cielo	空
Combustible	燃料
Construcción	建設
Dirección	方向
Diseño	設計
Globo	バルーン
Hélices	プロペラ
Hidrógeno	水素
Historia	歴史
Motor	エンジン
Pasajero	旅客
Piloto	パイロット
Tripulación	クルー
Turbulencia	乱流

Baile
ダンス

Academia	アカデミー
Arte	アート
Clásico	クラシック
Coreografía	振り付け
Cuerpo	体
Cultura	文化
Emoción	感情
Ensayo	リハーサル
Expresivo	表現力豊かな
Movimiento	動き
Música	音楽
Postura	姿勢
Ritmo	リズム
Socio	パートナー
Tradicional	伝統的
Visual	ビジュアル

Ballet
バレエ

Aplauso	拍手
Artístico	芸術的
Bailarina	バレリーナ
Bailarines	ダンサー
Compositor	作曲家
Coreografía	振り付け
Ensayo	リハーサル
Estilo	スタイル
Expresivo	表現力豊かな
Gesto	ジェスチャー
Habilidad	スキル
Intensidad	強度
Lecciones	レッスン
Músculos	筋肉
Música	音楽
Orquesta	オーケストラ
Práctica	練習
Ritmo	リズム
Solo	ソロ
Técnica	技術

Baño
バスルーム

Agua	水
Alfombra	ラグ
Aseo	トイレ
Baño	浴
Burbujas	泡
Champú	シャンプー
Ducha	シャワー
Espejo	鏡
Esponja	スポンジ
Grifo	蛇口
Jabón	石鹸
Loción	ローション
Perfume	香水
Tijeras	はさみ
Toalla	タオル
Vapor	蒸気

Barbacoas
バーベキュー

Almuerzo	ランチ
Caliente	ホット
Cebollas	玉ねぎ
Cena	夕食
Cuchillos	ナイフ
Ensaladas	サラダ
Familia	家族
Fruta	フルーツ
Hambre	飢餓
Juegos	ゲーム
Música	音楽
Niños	子供達
Parrilla	グリル
Pimienta	コショウ
Pollo	チキン
Sal	塩
Salsa	ソース
Tomates	トマト
Verano	夏
Verduras	野菜

Barcos
ボート

Ancla	アンカー
Balsa	いかだ
Boya	ブイ
Canoa	カヌー
Cuerda	ロープ
Ferry	フェリー
Kayak	カヤック
Lago	湖
Mar	海
Marea	潮
Marinero	セーラー
Mástil	マスト
Motor	エンジン
Náutico	ノーティカル
Océano	海洋
Olas	波
Río	川
Tripulación	クルー
Yate	ヨット

Campeonato
チャンピオンシップ

Campeonato	チャンピオンシップ
Campeón	チャンピオン
Deportes	スポーツ
Entrenador	コーチ
Equipo	チーム
Estrategia	戦略
Finalista	ファイナリスト
Juegos	ゲーム
Juez	裁判官
Liga	リーグ
Medalla	メダル
Motivación	モチベーション
Rendimiento	パフォーマンス
Torneo	トーナメント
Transpiración	汗
Victoria	勝利

Camping
キャンプ

Animales	動物
Aventura	冒険
Árboles	木
Bosque	森
Brújula	コンパス
Cabina	キャビン
Canoa	カヌー
Carpa	テント
Caza	狩猟
Cuerda	ロープ
Fuego	火
Hamaca	ハンモック
Insecto	昆虫
Lago	湖
Linterna	ランタン
Luna	月
Mapa	地図
Montaña	山
Naturaleza	自然
Sombrero	帽子

Casa
ハウス

Alfombra	ラグ
Ático	屋根裏
Biblioteca	図書館
Chimenea	暖炉
Cocina	キッチン
Dormitorio	寝室
Ducha	シャワー
Escoba	ほうき
Espejo	鏡
Garaje	ガレージ
Grifo	蛇口
Jardín	庭
Lámpara	ランプ
Pared	壁
Piso	床
Puerta	ドア
Sótano	地下
Techo	屋根
Valla	フェンス
Ventana	窓

Castillos
お城

Armadura	鎧
Caballero	騎士
Caballo	馬
Catapulta	カタパルト
Corona	クラウン
Dinastía	王朝
Dragón	ドラゴン
Escudo	シールド
Espada	剣
Feudal	封建
Fortaleza	要塞
Imperio	帝国
Noble	ノーブル
Palacio	宮殿
Pared	壁
Princesa	王女
Príncipe	王子
Reino	王国
Torre	タワー
Unicornio	ユニコーン

Chocolate
チョコレート

Amargo	苦い
Antioxidante	酸化防止剤
Aroma	香り
Artesanal	職人
Azúcar	砂糖
Cacahuetes	ピーナッツ
Cacao	カカオ
Calidad	品質
Calorías	カロリー
Caramelo	カラメル
Coco	ココナッツ
Delicioso	美味しい
Dulce	甘い
Exótico	エキゾチック
Favorito	お気に入り
Gusto	味
Ingrediente	成分
Polvo	粉
Receta	レシピ

Ciencia
理科

Átomo	原子
Científico	科学者
Clima	気候
Datos	データ
Evolución	進化
Experimento	実験
Física	物理学
Fósil	化石
Gravedad	重力
Hecho	事実
Hipótesis	仮説
Laboratorio	研究室
Método	方法
Minerales	ミネラル
Moléculas	分子
Naturaleza	自然
Organismo	生物
Partículas	粒子
Plantas	植物
Químico	化学薬品

Ciencia Ficción
サイエンス・フィクション

Atómico	アトミック
Cine	シネマ
Distante	遠い
Escenario	シナリオ
Explosión	爆発
Fantástico	素晴らしい
Fuego	火
Futurista	未来的
Galaxia	銀河
Ilusión	イリュージョン
Imaginario	虚数
Libros	書籍
Misterioso	神秘的な
Mundo	世界
Oráculo	オラクル
Planeta	惑星
Realista	現実的
Robots	ロボット
Tecnología	技術
Utopía	ユートピア

Circo
サーカス

Acróbata	アクロバット
Animales	動物
Billete	チケット
Carpa	テント
Desfile	パレード
Elefante	象
Espectacular	壮観な
Espectador	観客
Globos	風船
León	ライオン
Magia	魔法
Malabarista	ジャグラー
Mono	猿
Música	音楽
Payaso	ピエロ
Tigre	虎
Traje	コスチューム
Truco	トリック

Ciudad
町

Aeropuerto	空港
Banco	銀行
Biblioteca	図書館
Cine	シネマ
Clínica	診療所
Escuela	学校
Estadio	スタジアム
Farmacia	薬局
Florista	花屋
Galería	ギャラリー
Hotel	ホテル
Librería	書店
Mercado	市場
Museo	博物館
Panadería	ベーカリー
Supermercado	スーパーマーケット
Teatro	劇場
Tienda	店
Universidad	大学
Zoo	動物園

Clima
天気

Atmósfera	雰囲気
Brisa	そよ風
Cielo	空
Clima	気候
Hielo	氷
Huracán	ハリケーン
Inundación	洪水
Monzón	モンスーン
Niebla	霧
Nube	雲
Polar	極性
Rayo	稲妻
Seco	ドライ
Sequía	旱魃
Temperatura	温度
Tormenta	嵐
Tornado	竜巻
Tropical	トロピカル
Trueno	雷
Viento	風

Cocina
キッチン

Caldera	ケトル
Comida	食べ物
Congelador	冷凍庫
Cucharas	スプーン
Cuchillos	ナイフ
Delantal	エプロン
Especias	スパイス
Esponja	スポンジ
Horno	オーブン
Jarra	水差し
Palillos	箸
Parrilla	グリル
Receta	レシピ
Refrigerador	冷蔵庫
Servilleta	ナプキン
Tarro	瓶
Tazas	カップ
Tazón	ボウル
Tenedores	フォーク

Colores
[色]

Amarillo	黄色
Azul	青
Azur	紺碧
Beige	ベージュ
Blanco	白い
Carmesí	クリムゾン
Cian	シアン
Fucsia	フクシア
Gris	グレー
Índigo	インジゴ
Magenta	マゼンタ
Marrón	茶色
Naranja	オレンジ
Negro	ブラック
Púrpura	紫
Rojo	赤
Rosa	ピンク
Sepia	セピア
Verde	緑
Violeta	バイオレット

Comida #1
食べ物 #1

Ajo	ニンニク
Albahaca	バジル
Atún	ツナ
Azúcar	砂糖
Canela	シナモン
Carne	肉
Cebada	オオムギ
Cebolla	玉葱
Ensalada	サラダ
Espinacas	ほうれん草
Fresa	苺
Jugo	ジュース
Leche	ミルク
Limón	レモン
Menta	ミント
Nabo	カブ
Pera	梨
Sal	塩
Sopa	スープ
Zanahoria	にんじん

Comida #2
食べ物 #2

Alcachofa	アーティチョーク
Almendra	アーモンド
Apio	セロリ
Arroz	米
Berenjena	茄子
Cereza	チェリー
Chocolate	チョコレート
Girasol	ひまわり
Huevo	卵
Jengibre	ショウガ
Kiwi	キウイ
Manzana	アップル
Pan	パン
Plátano	バナナ
Pollo	チキン
Queso	チーズ
Tomate	トマト
Trigo	小麦
Uva	葡萄
Yogur	ヨーグルト

Conduciendo
運転

Accidente	事故
Autobús	バス
Calle	ストリート
Camión	トラック
Coche	車
Combustible	燃料
Frenos	ブレーキ
Garaje	ガレージ
Gas	ガス
Licencia	ライセンス
Mapa	地図
Motocicleta	オートバイ
Motor	モーター
Peatonal	歩行者
Peligro	危険
Policía	警察
Seguridad	安全性
Tráfico	交通
Túnel	トンネル
Velocidad	速度

Conservación
保全

Agua	水
Ambiental	環境
Ciclo	サイクル
Clima	気候
Contaminación	汚染
Ecosistema	生態系
Educación	教育
Hábitat	生息地
Natural	ナチュラル
Orgánico	有機
Pesticida	農薬
Preocupación	懸念
Reciclar	リサイクル
Reducir	削減
Salud	健康
Sostenible	持続可能
Verde	緑
Voluntario	ボランティア

Cuerpo Humano
人体

Barbilla	顎
Boca	口
Cabeza	頭
Cara	顔
Cerebro	脳
Codo	肘
Corazón	心臓
Cuello	首
Dedo	指
Hombro	肩
Lengua	舌
Mano	手
Nariz	鼻
Ojo	目
Oreja	耳
Piel	肌
Pierna	足
Rodilla	膝
Sangre	血
Tobillo	足首

Cumpleaños
誕生日

Amigos	友達
Año	年
Aprender	学ぶために
Calendario	カレンダー
Canción	歌
Celebración	お祝い
Día	日
Especial	スペシャル
Feliz	ハッピー
Invitaciones	招待状
Joven	若い
Nacer	生まれ
Partido	パーティー
Pastel	ケーキ
Recuerdos	思い出
Regalo	贈り物
Sabiduría	知恵
Tarjetas	カード
Tiempo	時間
Velas	キャンドル

Deportes
スポーツ

Atleta	アスリート
Árbitro	審判
Baloncesto	バスケットボール
Béisbol	野球
Bicicleta	自転車
Campeonato	チャンピオンシップ
Entrenador	コーチ
Equipo	チーム
Estadio	スタジアム
Ganador	勝者
Gimnasia	体操
Gimnasio	体育館
Golf	ゴルフ
Hockey	ホッケー
Juego	ゲーム
Jugador	プレーヤー
Movimiento	動き
Tenis	テニス

Dinosaurios
恐竜

Alas	翼
Carnívoro	肉食動物
Cola	尾
Desaparición	失踪
Enorme	巨大な
Especie	種
Evolución	進化
Fósiles	化石
Grande	大きい
Herbívoro	草食動物
Mamut	マンモス
Omnívoro	雑食
Poderoso	強力な
Prehistórico	先史時代
Presa	獲物
Raptor	ラプター
Reptil	爬虫類
Tamaño	サイズ
Tierra	地球

Disciplinas Científicas
科学分野

Anatomía	解剖学
Arqueología	考古学
Astronomía	天文学
Biología	生物学
Bioquímica	生化学
Botánica	植物学
Ecología	生態学
Fisiología	生理
Geología	地質学
Inmunología	免疫学
Lingüística	言語学
Mecánica	力学
Meteorología	気象学
Mineralogía	鉱物学
Neurología	神経学
Psicología	心理学
Química	化学
Sociología	社会学
Termodinámica	熱力学
Zoología	動物学

Días y Meses
日と月

Abril	エイプリル
Agosto	八月
Año	年
Calendario	カレンダー
Domingo	日曜日
Febrero	二月
Jueves	木曜日
Julio	七月
Junio	六月
Lunes	月曜日
Martes	火曜日
Marzo	行進
Mayo	五月
Mes	月
Miércoles	水曜日
Noviembre	十一月
Sábado	土曜日
Semana	週
Septiembre	セプテンバー
Viernes	金曜日

Ecología
エコロジー

Clima	気候
Comunidades	コミュニティ
Diversidad	多様性
Especie	種
Fauna	動物相
Flora	フローラ
Global	グローバル
Hábitat	生息地
Marino	マリン
Montañas	山
Natural	ナチュラル
Naturaleza	自然
Pantano	マーシュ
Plantas	植物
Recursos	リソース
Sequía	旱魃
Sostenible	持続可能
Supervivencia	生存
Vegetación	植生
Voluntarios	ボランティア

Edificios
建物

Albergue	ホステル
Apartamento	アパート
Castillo	城
Cine	シネマ
Embajada	大使館
Escuela	学校
Estadio	スタジアム
Fábrica	工場
Garaje	ガレージ
Granero	納屋
Granja	農場
Hospital	病院
Hotel	ホテル
Laboratorio	研究室
Museo	博物館
Observatorio	天文台
Supermercado	スーパーマーケット
Teatro	劇場
Torre	タワー
Universidad	大学

Emociones
感情

Aburrimiento	退屈
Agradecido	感謝しています
Alegría	喜び
Alivio	安心
Amor	愛
Avergonzado	恥ずかしい
Beatitud	至福
Bondad	親切
Contenido	コンテンツ
Ira	怒り
Miedo	恐怖
Paz	平和
Satisfecho	満足
Simpatía	同情
Ternura	優しさ
Tranquilidad	静けさ
Tristeza	悲しみ

Escalada
クライミング

Altitud	高度
Atmósfera	雰囲気
Botas	ブーツ
Casco	ヘルメット
Cueva	洞窟
Curiosidad	好奇心
Estabilidad	安定性
Estrecho	狭い
Experto	専門家
Formación	トレーニング
Fuerza	強さ
Guantes	手袋
Guías	ガイド
Lesión	怪我
Mapa	地図
Senderismo	ハイキング
Terreno	地形

Escuela #1
スクール #1

Alfabeto	アルファベット
Almuerzo	ランチ
Amigos	友達
Aprender	学ぶために
Aula	教室
Biblioteca	図書館
Carpetas	フォルダー
Escritorio	机
Examen	クイズ
Exámenes	試験
Lápiz	鉛筆
Libros	書籍
Marcadores	マーカー
Matemática	数学
Números	数字
Papel	紙
Plumas	ペン
Profesor	先生
Respuestas	答え
Silla	椅子

Escuela #2
スクール #2

Académico	アカデミック
Autobús	バス
Biblioteca	図書館
Calendario	カレンダー
Ciencia	科学
Diccionario	辞書
Educación	教育
Gramática	文法
Juegos	ゲーム
Lápiz	鉛筆
Lectura	読書
Libros	書籍
Literatura	文学
Mochila	バックパック
Ordenador	コンピュータ
Papel	紙
Profesor	先生
Ropa	服
Suministros	消耗品
Tijeras	はさみ

Especias
スパイス

Agrio	サワー
Ajo	ニンニク
Amargo	苦い
Anís	アニス
Azafrán	サフラン
Canela	シナモン
Cebolla	玉葱
Clavo	クローブ
Comino	クミン
Curry	カレー
Dulce	甘い
Hinojo	フェンネル
Jengibre	ショウガ
Nuez Moscada	ナツメグ
Pimentón	パプリカ
Pimienta	コショウ
Regaliz	甘草
Sabor	味
Sal	塩
Vainilla	バニラ

Exploración
探検

Actividad	活動
Animales	動物
Aprender	学ぶために
Coraje	勇気
Culturas	文化
Desconocido	不明
Descubrimiento	発見
Determinación	決定
Distante	遠い
Emoción	興奮
Espacio	スペース
Idioma	言語
Nuevo	新着
Salvaje	野生
Terreno	地形
Viaje	旅行

Familia
ファミリー

Abuela	おばあちゃん
Abuelo	祖父
Antepasado	祖先
Esposa	妻
Hermana	姉妹
Hermano	兄弟
Hija	娘
Infancia	子供の頃
Madre	母
Marido	夫
Materno	母性
Nieto	孫
Niño	子供
Niños	子供達
Padre	父
Primo	いとこ
Sobrina	姪
Sobrino	甥
Tía	叔母
Tío	叔父

Flores
花々

Amapola	ポピー
Diente de León	タンポポ
Gardenia	クチナシ
Girasol	ひまわり
Hibisco	ハイビスカス
Jazmín	ジャスミン
Lavanda	ラベンダー
Lila	ライラック
Lirio	百合
Magnolia	マグノリア
Margarita	デイジー
Orquídea	蘭
Pasionaria	トケイソウ
Peonía	牡丹
Pétalo	花弁
Plumeria	プルメリア
Ramo	花束
Trébol	クローバー
Tulipán	チューリップ

Formas
シェイプ

Arco	アーク
Bordes	エッジ
Cilindro	シリンダー
Círculo	円
Cono	円錐
Cubo	三乗
Curva	曲線
Elipse	楕円
Esquina	コーナー
Hipérbola	双曲線
Lado	側
Línea	ライン
Oval	楕円形
Pirámide	ピラミッド
Polígono	多角形
Prisma	プリズム
Rectángulo	矩形
Triángulo	三角形

Fruta
フルーツ

Aguacate	アボカド
Albaricoque	アプリコット
Baya	ベリー
Cereza	チェリー
Coco	ココナッツ
Frambuesa	ラズベリー
Guayaba	グアバ
Kiwi	キウイ
Limón	レモン
Mango	マンゴー
Manzana	アップル
Melocotón	桃
Melón	メロン
Naranja	オレンジ
Nectarina	ネクタリン
Papaya	パパイヤ
Pera	梨
Piña	パイナップル
Plátano	バナナ
Uva	葡萄

Geografía
地理学

Altitud	高度
Atlas	アトラス
Ciudad	市
Continente	大陸
Hemisferio	半球
Isla	島
Latitud	緯度
Longitud	経度
Mapa	地図
Mar	海
Meridiano	子午線
Montaña	山
Mundo	世界
Norte	北
Oeste	西
País	国
Región	領域
Río	川
Sur	南
Territorio	地域

Geología
地質学

Ácido	酸
Calcio	カルシウム
Capa	層
Caverna	洞窟
Continente	大陸
Coral	コーラル
Cristales	結晶
Cuarzo	石英
Erosión	侵食
Estalactita	鍾乳石
Estalagmitas	石筍
Fósil	化石
Géiser	間欠泉
Lava	溶岩
Meseta	高原
Minerales	ミネラル
Piedra	石
Sal	塩
Terremoto	地震
Volcán	火山

Granja #1
ファーム #1

Abeja	蜂
Agricultura	農業
Agua	水
Arroz	米
Burro	ロバ
Caballo	馬
Cabra	ヤギ
Campo	フィールド
Cuervo	カラス
Fertilizante	肥料
Gato	猫
Heno	ヘイ
Miel	蜂蜜
Perro	犬
Pollo	チキン
Semillas	種子
Ternero	ふくらはぎ
Tierra	土地
Vaca	牛
Valla	フェンス

Granja #2
ファーム #2

Agricultor	農家
Animales	動物
Cebada	オオムギ
Colmena	蜂の巣
Comida	食べ物
Cordero	子羊
Fruta	フルーツ
Granero	納屋
Huerto	オーチャード
Leche	ミルク
Llama	ラマ
Maíz	コーン
Oveja	羊
Pastor	羊飼い
Pato	アヒル
Prado	牧草地
Riego	灌漑
Tractor	トラクター
Trigo	小麦
Vegetal	野菜

Herboristería
本草学

Ajo	ニンニク
Albahaca	バジル
Aromático	芳香族
Azafrán	サフラン
Calidad	品質
Culinario	料理
Eneldo	ディル
Estragón	タラゴン
Flor	花
Hinojo	フェンネル
Ingrediente	成分
Jardín	庭
Lavanda	ラベンダー
Mejorana	マージョラム
Menta	ミント
Perejil	パセリ
Planta	植物
Romero	ローズマリー
Sabor	味
Verde	緑

Herramientas
ツール

Alicates	ペンチ
Antorcha	トーチ
Cable	ケーブル
Cuchillo	ナイフ
Cuerda	ロープ
Escalera	はしご
Grapa	ステープル
Grapadora	ステープラー
Hacha	斧
Martillo	ハンマー
Mazo	マレット
Navaja	かみそり
Pala	シャベル
Pegamento	のり
Regla	ルーラー
Rueda	ホイール
Tijeras	はさみ
Tornillo	ねじ

Herramientas de Cocina
クッキングツール

Batidora	ブレンダー
Caldera	ケトル
Colador	ザル
Cubertería	カトラリー
Cuchara	スプーン
Cuchillo	ナイフ
Espátula	スパチュラ
Estufa	ストーブ
Exprimidor	ジューサー
Horno	オーブン
Rallador	おろし金
Refrigerador	冷蔵庫
Tapa	蓋
Tenedor	フォーク
Termómetro	温度計
Tijeras	はさみ
Tostadora	トースター

Insectos
昆虫

Abeja	蜂
Avispa	スズメバチ
Áfido	アブラムシ
Cigarra	蝉
Cucaracha	ゴキブリ
Escarabajo	甲虫
Gusano	ワーム
Hormiga	蟻
Langosta	イナゴ
Larva	幼虫
Libélula	トンボ
Mantis	カマキリ
Mariposa	蝶
Mariquita	てんとう虫
Mosquito	蚊
Polilla	蛾
Pulga	ノミ
Saltamontes	バッタ
Termita	シロアリ

Instrumentos Musicales
楽器

Armónica	ハーモニカ
Arpa	ハープ
Banjo	バンジョー
Clarinete	クラリネット
Fagot	ファゴット
Flauta	フルート
Gong	ゴング
Guitarra	ギター
Mandolina	マンドリン
Marimba	マリンバ
Oboe	オーボエ
Pandereta	タンバリン
Percusión	パーカッション
Piano	ピアノ
Saxofón	サックス
Tambor	ドラム
Trombón	トロンボーン
Trompeta	トランペット
Violín	バイオリン
Violonchelo	チェロ

Jardín
ガーデン

Arbusto	ブッシュ
Árbol	木
Banco	ベンチ
Césped	芝生
Estanque	池
Flor	花
Garaje	ガレージ
Hamaca	ハンモック
Hierba	草
Huerto	オーチャード
Jardín	庭
Malezas	雑草
Manguera	ホース
Pala	シャベル
Porche	ポーチ
Rastrillo	熊手
Suelo	土
Terraza	テラス
Trampolín	トランポリン
Valla	フェンス

Juguetes
おもちゃ

Ajedrez	チェス
Arcilla	粘土
Artesanía	工芸品
Avión	飛行機
Barco	ボート
Bicicleta	自転車
Bola	ボール
Camión	トラック
Coche	車
Cometa	凧
Favorito	お気に入り
Imaginación	想像力
Juegos	ゲーム
Libros	書籍
Muñeca	人形
Pinturas	塗料
Robot	ロボット
Rompecabezas	パズル
Tambores	ドラム
Tren	列車

Libros
書籍

Autor	著者
Aventura	冒険
Colección	コレクション
Dualidad	二重性
Epopeya	エピック
Escrito	書かれた
Historia	ストーリー
Histórico	歴史的
Humorístico	ユーモラス
Inventivo	発明
Lector	読者
Literario	文学
Narrador	ナレーター
Novela	小説
Palabras	言葉
Página	ページ
Pertinente	関連する
Poema	詩
Serie	シリーズ
Trágico	悲劇的

Literatura
文学

Analogía	類推
Análisis	分析
Anécdota	逸話
Autor	著者
Biografía	伝記
Comparación	比較
Conclusión	結論
Descripción	説明
Diálogo	対話
Estilo	スタイル
Ficción	フィクション
Metáfora	比喩
Narrador	ナレーター
Novela	小説
Poema	詩
Poético	詩的
Rima	韻
Ritmo	リズム
Tema	テーマ
Tragedia	悲劇

Mamíferos
哺乳類

Ballena	鯨
Burro	ロバ
Caballo	馬
Camello	キャメル
Canguro	カンガルー
Cebra	シマウマ
Conejo	うさぎ
Coyote	コヨーテ
Delfín	イルカ
Elefante	象
Gato	猫
Gorila	ゴリラ
Jirafa	キリン
Lobo	狼
Mono	猿
Oso	熊
Oveja	羊
Perro	犬
Toro	ブル
Zorro	狐

Mascotas
ペット

Agua	水
Cabra	ヤギ
Cachorro	子犬
Cola	尾
Collar	襟
Comida	食べ物
Conejo	うさぎ
Garras	爪
Gatito	子猫
Gato	猫
Hámster	ハムスター
Lagarto	トカゲ
Loro	オウム
Patas	足
Perro	犬
Pescado	魚
Ratón	ねずみ
Tortuga	カメ
Vaca	牛
Veterinario	獣医

Matemáticas
数学

Aritmética	算術
Ángulos	角度
Circunferencia	円周
Decimal	小数
Diámetro	直径
Ecuación	方程式
Exponente	指数
Fracción	分数
Geometría	幾何学
Números	数字
Paralelo	平行
Paralelogramo	平行四辺形
Perímetro	周囲
Perpendicular	垂直
Polígono	多角形
Radio	半径
Rectángulo	矩形
Simetría	対称
Triángulo	三角形
Volumen	ボリューム

Mediciones
測定値

Altura	高さ
Ancho	幅
Byte	バイト
Centímetro	センチメートル
Decimal	小数
Grado	度
Gramo	グラム
Kilogramo	キログラム
Kilómetro	キロメートル
Litro	リットル
Longitud	長さ
Masa	質量
Metro	メーター
Minuto	分
Onza	オンス
Peso	重さ
Profundidad	深さ
Pulgada	インチ
Tonelada	トン
Volumen	ボリューム

Meditación
瞑想

Aceptación	受け入れ
Atención	注意
Bondad	親切
Claridad	明快
Compasión	思いやり
Emociones	感情
Gratitud	感謝
Hábitos	習慣
Mental	メンタル
Mente	マインド
Movimiento	動き
Música	音楽
Naturaleza	自然
Observación	観察
Paz	平和
Pensamientos	思考
Perspectiva	パースペクティブ
Postura	姿勢
Respiración	呼吸
Silencio	沈黙

Mitología
神話

Arquetipo	原型
Celos	嫉妬
Cielo	天国
Comportamiento	行動
Creación	作成
Creencias	信念
Criatura	生き物
Cultura	文化
Desastre	災害
Fuerza	強さ
Guerrero	戦士
Héroe	ヒーロー
Inmortalidad	不死
Laberinto	ラビリンス
Leyenda	伝説
Monstruo	モンスター
Mortal	モータル
Rayo	稲妻
Trueno	雷
Venganza	復讐

Mueble
家具

Alfombra	ラグ
Almohada	枕
Armario	戸棚
Banco	ベンチ
Cama	ベッド
Cojines	クッション
Colchón	マットレス
Cortinas	カーテン
Cómoda	ドレッサー
Edredones	掛け布団
Escritorio	机
Espejo	鏡
Estantería	本棚
Estantes	棚
Futón	布団
Hamaca	ハンモック
Lámpara	ランプ
Silla	椅子
Sillón	アームチェア
Sofá	ソファ

Naturaleza
自然

Abejas	蜂
Animales	動物
Ártico	北極
Belleza	美しさ
Bosque	森
Desierto	砂漠
Dinámico	動的
Erosión	侵食
Follaje	葉
Glaciar	氷河
Niebla	霧
Nubes	雲
Pacífico	平和
Refugio	シェルター
Río	川
Salvaje	野生
Santuario	サンクチュアリ
Sereno	穏やか
Tropical	トロピカル
Vital	重要

Nutrición
栄養

Amargo	苦い
Apetito	食欲
Calidad	品質
Calorías	カロリー
Carbohidratos	炭水化物
Comestible	食用
Dieta	ダイエット
Digestión	消化
Equilibrado	バランス
Fermentación	発酵
Hábitos	習慣
Nutriente	栄養素
Peso	重さ
Proteínas	タンパク質
Sabor	味
Salsa	ソース
Salud	健康
Saludable	元気
Toxina	毒素
Vitamina	ビタミン

Números
数字

Catorce	十四
Cero	ゼロ
Cinco	五
Cuatro	四
Decimal	小数
Diecinueve	十九
Dieciocho	十八
Dieciséis	十六
Diecisiete	セブンティーン
Diez	十
Doce	十二
Dos	二
Nueve	九
Ocho	八
Quince	十五
Seis	六
Siete	セブン
Trece	十三
Tres	三
Veinte	二十

Océano
海洋

Alga	藻
Anguila	うなぎ
Arrecife	リーフ
Atún	ツナ
Ballena	鯨
Barco	ボート
Camarón	エビ
Cangrejo	カニ
Coral	コーラル
Delfín	イルカ
Esponja	スポンジ
Mareas	潮汐
Medusa	クラゲ
Ostra	カキ
Pescado	魚
Pulpo	たこ
Sal	塩
Tiburón	鮫
Tormenta	嵐
Tortuga	カメ

Paisajes
風景

Cascada	滝
Cueva	洞窟
Desierto	砂漠
Estuario	河口
Géiser	間欠泉
Glaciar	氷河
Iceberg	氷山
Isla	島
Lago	湖
Laguna	ラグーン
Mar	海
Montaña	山
Oasis	オアシス
Pantano	沼
Península	半島
Playa	ビーチ
Río	川
Tundra	ツンドラ
Valle	谷
Volcán	火山

Países #2
国 #2

Albania	アルバニア
Australia	オーストラリア
Austria	オーストリア
Dinamarca	デンマーク
Etiopía	エチオピア
Francia	フランス
Grecia	ギリシャ
Indonesia	インドネシア
Irlanda	アイルランド
Jamaica	ジャマイカ
Japón	日本
Laos	ラオス
México	メキシコ
Pakistán	パキスタン
Portugal	ポルトガル
Rusia	ロシア
Siria	シリア
Sudán	スーダン
Ucrania	ウクライナ
Uganda	ウガンダ

Pájaros
鳥類

Avestruz	ダチョウ
Águila	鷲
Cigüeña	コウノトリ
Cisne	白鳥
Cuco	カッコウ
Cuervo	カラス
Flamenco	フラミンゴ
Ganso	ガチョウ
Garza	サギ
Gaviota	カモメ
Gorrión	スズメ
Halcón	鷹
Huevo	卵
Loro	オウム
Paloma	鳩
Pato	アヒル
Pelícano	ペリカン
Pingüino	ペンギン
Pollo	チキン
Tucán	オオハシ

Pesca
釣り

Agua	水
Aletas	フィン
Barco	ボート
Branquias	えら
Cable	ワイヤー
Cebo	餌
Cesta	バスケット
Exageración	過言
Gancho	フック
Lago	湖
Mandíbula	顎
Océano	海洋
Paciencia	忍耐
Peso	重さ
Playa	ビーチ
Río	川
Temporada	季節

Piratas
パイレーツ

Ancla	アンカー
Aventura	冒険
Bandera	旗
Brújula	コンパス
Capitán	キャプテン
Cicatriz	傷跡
Cueva	洞窟
Espada	剣
Isla	島
Leyenda	伝説
Loro	オウム
Malo	悪い
Mapa	地図
Monedas	コイン
Oro	ゴールド
Peligro	危険
Playa	ビーチ
Ron	ラム酒
Tesoro	宝
Tripulación	クルー

Plantas
植物

Arbusto	ブッシュ
Árbol	木
Bambú	竹
Baya	ベリー
Bosque	森
Botánica	植物学
Cactus	サボテン
Fertilizante	肥料
Flor	花
Flora	フローラ
Follaje	葉
Frijol	豆
Hiedra	蔦
Hierba	草
Jardín	庭
Musgo	苔
Pétalo	花弁
Raíz	根
Sol	太陽
Vegetación	植生

Playa
ビーチ

Arena	砂
Arrecife	リーフ
Azul	青
Barco	ボート
Cangrejo	カニ
Costa	海岸
Isla	島
Laguna	ラグーン
Mar	海
Océano	海洋
Paraguas	傘
Sandalias	サンダル
Sol	太陽
Toalla	タオル
Vacaciones	休暇
Velero	ヨット

Profesiones #1
職業 #1

Abogado	弁護士
Astrónomo	天文学者
Atleta	アスリート
Bailarín	踊り子
Banquero	銀行家
Bombero	消防士
Cartógrafo	地図製作者
Cazador	ハンター
Doctor	医者
Editor	編集者
Embajador	大使
Enfermera	看護婦
Entrenador	コーチ
Fontanero	配管工
Geólogo	地質学者
Joyero	宝石商
Músico	音楽家
Pianista	ピアニスト
Psicólogo	心理学者
Veterinario	獣医

Profesiones #2
職業 #2

Astronauta	宇宙飛行士
Bibliotecario	司書
Biólogo	生物学者
Cirujano	外科医
Dentista	歯医者
Detective	探偵
Filósofo	哲学者
Fotógrafo	写真家
Ilustrador	イラストレーター
Ingeniero	エンジニア
Inventor	発明者
Investigador	研究者
Jardinero	庭師
Lingüista	言語学者
Médico	医師
Periodista	ジャーナリスト
Piloto	パイロット
Pintor	画家
Profesor	先生
Zoólogo	動物学者

Rellenar
塗りつぶすには

Bandeja	トレイ
Bañera	浴槽
Barril	バレル
Bolsa	バッグ
Bolsillo	ポケット
Botella	ボトル
Caja	箱
Cajón	引き出し
Carpeta	フォルダ
Cartón	カートン
Cesta	バスケット
Cubo	バケツ
Jarrón	花瓶
Maleta	スーツケース
Paquete	パケット
Sobre	封筒
Tarro	瓶
Tubo	チューブ

Restaurante #1
レストラン #1

Alergia	アレルギー
Café	コーヒー
Camarera	ウェイトレス
Carne	肉
Cocina	キッチン
Comida	食べ物
Cuchillo	ナイフ
Menú	メニュー
Pan	パン
Picante	辛い
Plato	皿
Pollo	チキン
Postre	デザート
Reserva	予約
Salsa	ソース
Servilleta	ナプキン
Tazón	ボウル

Restaurante #2
レストラン #2

Agua	水
Almuerzo	ランチ
Aperitivo	前菜
Bebida	飲料
Camarero	ウェイター
Cena	夕食
Cuchara	スプーン
Delicioso	美味しい
Ensalada	サラダ
Especias	スパイス
Fruta	フルーツ
Hielo	氷
Huevos	卵
Pastel	ケーキ
Pescado	魚
Sal	塩
Silla	椅子
Sopa	スープ
Tenedor	フォーク
Verduras	野菜

Ropa
洋服

Abrigo	コート
Blusa	ブラウス
Bufanda	スカーフ
Camisa	シャツ
Chaqueta	ジャケット
Cinturón	ベルト
Collar	ネックレス
Delantal	エプロン
Falda	スカート
Guantes	手袋
Joyas	ジュエリー
Moda	ファッション
Pantalones	パンツ
Pijama	パジャマ
Pulsera	ブレスレット
Sandalias	サンダル
Sombrero	帽子
Suéter	セーター
Vestido	ドレス
Zapato	靴

Selva Tropical
レインフォレスト

Anfibios	両生類
Botánico	植物
Clima	気候
Comunidad	コミュニティ
Diversidad	多様性
Especie	種
Indígena	先住民族
Insectos	虫
Mamíferos	哺乳類
Musgo	苔
Naturaleza	自然
Nubes	雲
Pájaros	鳥
Preservación	保存
Refugio	避難
Respeto	尊敬
Restauración	復元
Selva	ジャングル
Supervivencia	生存
Valioso	貴重

Senderismo
ハイキング

Acantilado	崖
Agua	水
Animales	動物
Botas	ブーツ
Camping	キャンプ
Cansado	疲れた
Clima	気候
Cumbre	サミット
Guías	ガイド
Mapa	地図
Montaña	山
Mosquitos	蚊
Naturaleza	自然
Orientación	オリエンテーション
Parques	公園
Pesado	重い
Piedras	石
Preparación	準備
Salvaje	野生
Sol	太陽

Suministros de Arte
アートサプライ

Aceite	油
Acrílico	アクリル
Acuarelas	水彩画
Agua	水
Arcilla	粘土
Borrador	消しゴム
Caballete	イーゼル
Cámara	カメラ
Cepillos	ブラシ
Colores	色
Creatividad	創造性
Ideas	アイデア
Lápices	鉛筆
Mesa	テーブル
Papel	紙
Pasteles	パステル
Pegamento	のり
Pinturas	塗料
Silla	椅子
Tinta	インク

Surf
サーフィン

Arrecife	リーフ
Atleta	アスリート
Campeón	チャンピオン
Clima	天気
Diversión	楽しい
Espuma	泡
Estilo	スタイル
Estómago	胃
Fuerza	強さ
Multitudes	群衆
Océano	海洋
Ola	波
Playa	ビーチ
Popular	人気の
Principiante	初心者
Remo	パドル
Rociar	スプレー
Velocidad	速度

Tecnología
テクノロジー

Archivo	ファイル
Blog	ブログ
Bytes	バイト
Cámara	カメラ
Cursor	カーソル
Datos	データ
Digital	デジタル
Estadísticas	統計
Fuente	フォント
Internet	インターネット
Investigación	研究
Mensaje	メッセージ
Navegador	ブラウザ
Ordenador	コンピュータ
Pantalla	画面
Seguridad	安全
Software	ソフトウェア
Virtual	仮想
Virus	ウイルス

Tiempo
時間

Ahora	今
Antes	前
Anual	通年
Año	年
Ayer	昨日
Calendario	カレンダー
Década	十年
Día	日
Futuro	未来
Hora	時間
Hoy	今日
Mañana	朝
Mediodía	昼
Mes	月
Minuto	分
Momento	一瞬
Noche	夜
Reloj	時計
Semana	週
Siglo	世紀

Tipos de Cabello
ヘアタイプ

Blanco	白い
Brillante	シャイニー
Cabelludo	頭皮
Calvo	禿
Coloreado	有色
Corto	短い
Delgada	薄い
Gris	グレー
Grueso	厚い
Marrón	茶色
Negro	ブラック
Plata	銀
Rizado	カーリー
Rizos	カール
Rubio	ブロンド
Saludable	元気
Seco	ドライ
Suave	ソフト
Trenzado	編組
Trenzas	三つ編み

Vacaciones #2
バケーション #2

Aeropuerto	空港
Carpa	テント
Destino	行き先
Extranjero	外国人
Fotos	写真
Hotel	ホテル
Isla	島
Mapa	地図
Mar	海
Ocio	レジャー
Pasaporte	パスポート
Playa	ビーチ
Reservas	予約
Restaurante	レストラン
Taxi	タクシー
Transporte	交通
Tren	列車
Vacaciones	休日
Viaje	旅
Visa	ビザ

Vehículos
車両

Ambulancia	救急車
Autobús	バス
Avión	飛行機
Balsa	いかだ
Barco	ボート
Bicicleta	自転車
Camión	トラック
Caravana	キャラバン
Coche	車
Cohete	ロケット
Ferry	フェリー
Helicóptero	ヘリコプター
Lanzadera	シャトル
Metro	地下鉄
Motor	モーター
Neumáticos	タイヤ
Submarino	潜水艦
Taxi	タクシー
Tractor	トラクター
Tren	列車

Verano
夏

Alegría	喜び
Amigos	友達
Buceo	ダイビング
Camping	キャンプ
Comida	食べ物
Estrellas	星
Familia	家族
Hogar	家
Jardín	庭
Juegos	ゲーム
Libros	書籍
Mar	海
Música	音楽
Ocio	レジャー
Playa	ビーチ
Recuerdos	思い出
Relajación	リラクゼーション
Sandalias	サンダル
Vacaciones	休暇
Viaje	旅行

Verduras
野菜

Ajo	ニンニク
Alcachofa	アーティチョーク
Apio	セロリ
Berenjena	茄子
Brócoli	ブロッコリー
Calabaza	かぼちゃ
Cebolla	玉葱
Ensalada	サラダ
Espinacas	ほうれん草
Guisante	エンドウ
Jengibre	ショウガ
Nabo	カブ
Oliva	オリーブ
Patata	じゃがいも
Pepino	キュウリ
Perejil	パセリ
Rábano	だいこん
Seta	キノコ
Tomate	トマト
Zanahoria	にんじん

Enhorabuena

Lo has conseguido!

Esperamos que hayas disfrutado de este libro tanto como nosotros al diseñarlo. Nos esforzamos por crear libros de la máxima calidad posible.
Esta edición está diseñada para proporcionar un aprendizaje inteligente, de calidad y divertido!

¿Te ha gustado este libro?

Una Petición Sencilla

Estos libros existen gracias a las reseñas que se publican.
¿Podrías ayudarnos dejando una reseña ahora?
Aquí tienes un breve enlace a la página de reseñas

BestBooksActivity.com/Opiniones50

¡DESAFÍO FINAL!

Reto n°1

¿Estás listo para tu juego gratis? Los utilizamos siempre, pero no son tan fáciles de encontrar. ¡Aquí están los **Sinónimos!**

Escribe 5 palabras que hayas encontrado en los rompecabezas (#21, #36, #76) y trata de encontrar 2 sinónimos para cada palabra.

Escriba 5 palabras del **Puzzle 21**

Palabras	Sinónimo 1	Sinónimo 2

Escriba 5 palabras del **Puzzle 36**

Palabras	Sinónimo 1	Sinónimo 2

Escriba 5 palabras del **Puzzle 76**

Palabras	Sinónimo 1	Sinónimo 2

Reto n°2

Ahora que te has calentado, escribe 5 palabras que hayas encontrado en los Puzzles 9, 17 y 25 e intenta encontrar 2 antónimos para cada palabra. ¿Cuántos puedes encontrar en 20 minutos?

Escriba 5 palabras del **Puzzle 9**

Palabras	Antónimo 1	Antónimo 2

Escriba 5 palabras del **Puzzle 17**

Palabras	Antónimo 1	Antónimo 2

Escriba 5 palabras del **Puzzle 25**

Palabras	Antónimo 1	Antónimo 2

Reto n°3

¡Genial! Este desafío final no es nada para ti.

¿Preparado para el reto final? Elige 10 palabras que hayas descubierto en los diferentes rompecabezas y escríbelas a continuación.

1.	6.
2.	7.
3.	8.
4.	9.
5.	10.

Ahora escribe un texto pensando en una persona, un animal o un lugar que te guste.

Puedes usar la última página de este libro como borrador.

Tu Composición:

CUADERNO DE NOTAS :

HASTA PRONTO !

Todo el Equipo

DESCUBRA JUEGOS GRATIS

GO

↓

BESTACTIVITYBOOKS.COM/FREEGAMES